CONG ZHELI CHUFA GUSICHOU ZHI LU QIDIAN SHANG DE WENMING YINJI

从这里出发——古丝绸之路起点上的文明印记

主编/步雁

陕西新华出版传媒集团
陕西人民教育出版社
·西 安·

从这里出发

——古丝绸之路起点上的文明印记

序 Preface

承载丝路文物印记的历史

与丝绸之路有关的书籍和展览每每都能引人瞩目。丝绸之路的形成促进了人类文明的交流，概括地说就是“共享中西文化，品读古今智慧”。读者与观众从未像今天这样，迫切渴望了解丝绸之路，这也使共建“一带一路”的战略构想成为具有文化意义的“民心工程”。

由陕西历史博物馆年轻骨干撰写的《从这里出发——古丝绸之路起点上的文明印记》，以多件国宝级的文物为线索“从文入物”到“从物化文”，“从文融史”到“从史入文”，通过十八个篇章展现丝绸之路交流的广度、深度，勾勒出一幅欧亚大陆政治、经济和文化交流的图景。

从与香料之道密切关联的鎏金银竹节铜熏炉，让我们依稀看到了西汉王室贵族香气缭绕的奢华生活；匈奴王者的冠饰——金怪兽，则将我们的视线引向了两千年前，长安北方辽阔草原上驰骋的匈奴民族与西汉王朝发生的绵绵纠葛；反映盛唐时期胡部“新声”的三彩骆驼载乐俑，勾起了我们对唐代中外客商行走在迢迢丝路艰辛旅程的探究；独一无二的镶金兽首玛瑙杯，晶莹的光环映衬着其与西方历史文明的渊源；鎏金舞马衔杯纹银壶上的舞马则将文献记载的唐代著名帝王唐玄宗豢养良驹的传奇故事具象地呈现在我们的眼前；唐章怀太子墓壁画《客使图》生动再现了唐朝的外交机构鸿胪寺接待外来使者的场景，泱泱大唐的外事官员们气度沉稳、雍容自如，入唐的使臣神情肃然、彬彬有礼，主宾身份跃然而出；青釉提梁倒注壶是宋代众多能工巧匠奇思妙想成果的代表之一，也是当时科技水平发展的一个缩影……循着这条主线，为我们回溯与认识丝绸之路有了坚实的证据。

极具印证丝绸之路起点文明光辉的这些国宝级文物，早已为海内外所熟知。但是，通过运用现代数字影音制作技术从文字、图片、声音、视频等方面全方位展现这些珍贵文物的时代背景，再现考古发掘过程中那些鲜为人知的生动故事，深刻辨识古丝绸之路起点上的文明印记的出版物在当下还为数不多。本书是应用 MPR 技术编著的文博图书，从文字、图片、声音、视频等方面全方位展现这些国宝级文物，是目前博物馆界编辑出版该类书籍中的探路者。由此，本书的几个特点应当在此加以说明。其一，当前各种阅读媒介并存，在尊重读者的传统阅读方式和习惯的同时，以新的视角服务于年轻读者群体，使得广大读者有了多元化的选择，本书的编纂者和出版人有着敢为天下先的勇气，值得称道！其二，本书首次实现了四种呈现方式集于一体，为当代的读者多视角、立体化了解、认知丝绸之路的昔日辉煌及其历史变迁提供一种便捷。其三，长安是古丝绸之路的起点，传扬东方文明从这里出发，同时这里也是外来文化的扩散点。在当下新的丝绸之路经济文化交流发展中，透过出土文物的历史印记，讲好中国故事，陕西省暨西安市的历史地位和丰富的文物资源有着更大的发挥空间。

从长安出发一路向西，张骞策马，玄奘远行，胡商往返，穿越中亚，连通罗马。通过对丝绸之路的研究与展览，求真与知用并重，填补信息空白，形成文化特色，创造展览品牌，这是海内外众多博物馆的愿景，也是从历史深处走来的最新时代注脚。面对丝绸之路蕴含的深邃历史文化价值，我们殷切期望陕西历史博物馆承担更多的责任与使命，发挥展陈主题思想和智慧理念的引领作用，为文明交流互鉴提供更多的精神食粮。

葛承雍

2016 年 1 月 10 日

目录 Content

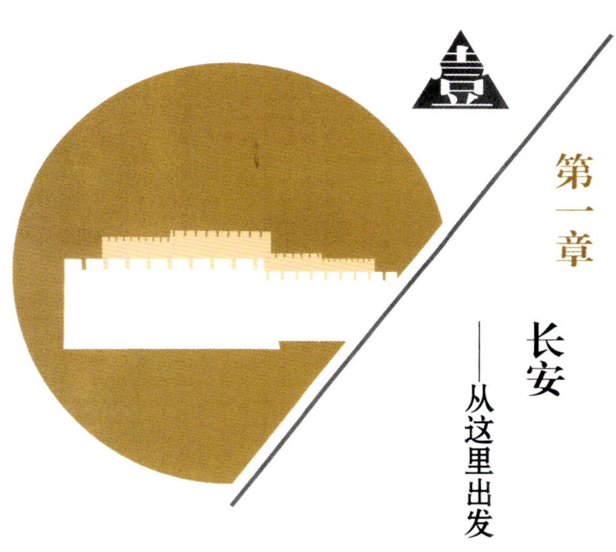

第一章 长安

——从这里出发

唐代丝绸之路示意图

第一章

长　安

——从这里出发

中国位于欧亚大陆的东部，东边是浩瀚的太平洋，西端是辽阔的亚洲大陆。亚洲地理以帕米尔高原为中心，向四周辐射形成一系列巨大的高山。从帕米尔高原向东南，由北支喀喇昆仑山、阿尔金山、祁连山和喜马拉雅山、横断山脉包围形成世界屋脊——青藏高原，成为中国西向陆地交通的巨大屏障；由喜马拉雅山、横断山脉继续向东南延伸，自西向东依次排列着一系列巨大的山脉，一直延伸到中南半岛，又将中国与印度和西亚之间隔离开来。从帕米尔高原向东北，天山、阿尔泰山、外兴安岭横亘在蒙古高原外围，成为中国西北和北方的一道天然长城。这两条由帕米尔高原分别向东南和东北延伸的巨大山系，构成了封闭中国的骨架，造成了中国地域自成一体的地理单元。地处中国腹地、黄河中游的陕西，是中华民族以及中华文明的重要发祥地之一。早在一百多万年以前，这里就已经有了远古人类的活动踪迹。距今一万年前，文明的耀眼光辉已经普照到这里，以北首岭（陕西省宝鸡市北首岭遗址）、姜寨（陕西省西安市临潼区姜寨遗址）、半坡（陕西省西安市灞桥区半坡遗址）为代表的新石器时代早期的仰韶文化的遗存已经展现出了成熟的文明状态与强大的文化吸收融合能力。之后，以客省庄（陕西省西安市长安区客省庄遗址）、杨官寨（陕西省西安市高陵区杨官寨遗址）为代表的新石器时代晚期的龙山文化的遗存所体现出的在农业、畜牧业、手工业、聚落形态以及文字、绘画等方面的风尚更如涓涓河水流淌至今。被中华民族公认为始祖的炎、黄二帝以及他们所统领的部族正是以渭水平原、陕北高原的广袤天地为舞台上演了一出出千古传扬的历史大剧，为传承千载的中华文明树了源、立了根。虽然这时的中华文明还只是个襁褓之中的孩子，但他已经迫不及待地睁开好奇的眼睛向西望去。虽然古代中国与其他古代文明中心如恒河流域、地中海两河流域以及尼罗河流域等相距甚远且交流困难，但从小件铜器的使用到和田玉原料的输入可以看出，中华文明已经开始与西方的文明相接触，并互通有无、彼此学习。而最初的交通道路只是一些时断时续的交通线路，随着贸易的繁荣与社会的发展，这些交通线路逐步连接成了横贯东西、传递欧亚文明的大动脉——丝绸之路。

丝绸之路的得名

“丝绸之路”这一与中国密切相关的交通线路的命名并不是由中国人创立的。19世纪70年代，德国地理学家费迪南•冯•李希霍芬在他的著作《中国——亲身旅行的成果和以之为根据的研究》一书中，把公元前114年至公元127年近两个半世纪中开辟的，经西域将中国与中亚的阿姆河、锡尔河地区以及古印度连接起来的丝绸贸易道路命名为die Seidenstrassen（德文。意为“丝绸之路”），英文名为The Silk Road（意为“丝绸之路”）。1910年，德国东方学家阿尔巴特•赫尔曼在其所著的《中国与叙利亚间的古代丝绸之路》一书中将这条贸易路线从中亚扩展到了更为遥远的叙利亚地区。1915年赫尔曼在他的另一著作《从中国到罗马帝国的丝绸之路》中又指出，丝绸之路应当是中国经西域与希腊、罗马间的交通线路。

19世纪末至20世纪初，正值清末民国初的动荡时期，中国的衰落使西方探险家有了千载难逢的机会深入亚洲腹地，进入中国西部探险。俄国人普尔热瓦尔斯基一生中共四次到中国西部探险；瑞典人斯文•赫定则发现了楼兰古城遗址；英国籍匈牙利人斯坦因曾多次进入中亚探险，数次到过莫高窟……他们在探险考察的同时盗走了大量的珍贵文物。随着这些东方珍宝被陆续运往欧洲展出、研究，关于那条古老的商贸之路，出现了玉石之路、宝石之路、皮毛之路、瓷器之路、佛教之路、丝绸之路等不同的命名，但最终被普遍接受的还是以李希霍芬与赫尔曼为代表的命名——丝绸之路。

由于这条商贸道路在世界文明史上的巨大意义，丝绸之路的命名很快便得到了西方学术界的广泛认可，进而也影响到了中国。在李希霍芬与赫尔曼之后，对于丝绸之路内涵的研究日益丰富。随着丝绸之路的概念进一步广义化，又增加了“海上丝绸之路”的内容。“海上丝绸之路”是指古代中国与世界其他地区进行经济、文化交流及交往的海上通道，是由当时跨东西方海洋间一系列港口网点组成的国际贸易网。海上丝绸之路最早可追溯至汉代，至唐宋时达到繁盛时期，中国境内海上丝绸之路主要有泉州、广州、宁波三个主港口和其他支线港口组成。这条海上通道在隋唐时运送的主要大宗货物是丝绸，所以后世把这条连接东西方的海道叫作海上丝绸之路。到了宋元时期，瓷器逐渐成为这条海道上主要的出口货物（图1–1、图1–2为宋代古沉船“南海1号”上打捞出的瓷器），因此这条海道也被称作海上陶瓷之路。

图1–1

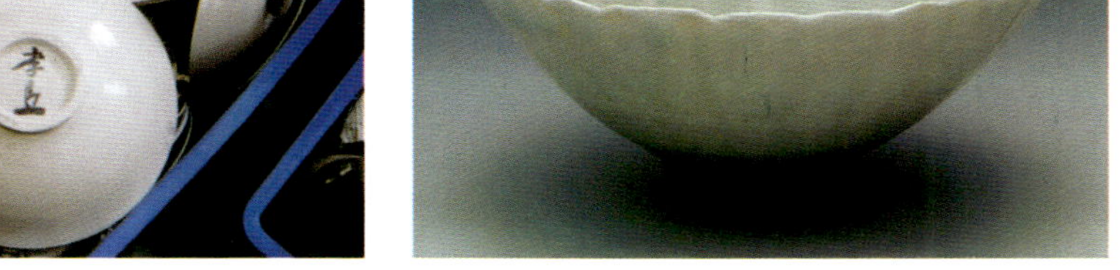

图1–2

丝绸之路的开拓

丝绸之路始于汉武帝时期派张骞出使西域。关于张骞出使西域的本意，就不得不从中国北方的游牧民族匈奴说起。从公元前4世纪末起，匈奴逐渐在今天的内蒙古自治区一带强大起来。他们利用骑兵机动灵活的优势，构筑了一条从东北呼伦贝尔草原到西北青藏高原东北缘的针对中原农耕民族的弧形包围圈，并利用气候与地理的差异在这些地区形成了草原游牧文化与中原农耕文化的长期对垒。

农耕民族的食物来源主要依靠耕种，为了发展农业生产，兵役制往往采用兵农分工的形态，因此必须经过艰苦训练才能把一个追求和平环境下精细耕作的农民变成粗犷敢战的兵士。而游牧民族由于逐水、依草而居的放牧生活方式，生活中的狩猎和战场上的格斗打仗基本相同，因此牧民只要拿起兵器就是兵士。一个游牧民族只要稍加编组，就立即成为一支所向披靡的军队。基于上述原因，战争的天平往往向兵民合一的游牧民族倾斜，而经济文化先进的农耕民族则往往处于战略防守态势。

草原地带的灾害性极端天气远比低纬度的农耕区来得频繁，一旦草原地带出现干旱、暴雪等天灾，南方农耕区的富庶便具有极大的吸引力。因饥饿而躁动起来的游牧民族往往会选择南下进行掠夺，这导致了数百年间双方战争不断。

战国时期，匈奴就曾与战国七雄中的燕、赵、秦三国不断征战。西汉立国之初，匈奴再次南侵。公元前201年，匈奴占据了晋阳（今山西省太原市）。次年，汉高祖刘邦亲率三十万步骑迎击，结果却被围困于平城白登山（今山西省大同市城东），经贿赂匈奴阏氏才得以突围。当时西汉政权刚刚建立，面对秦末动乱衰败的局面，国家财政极其匮乏，连皇帝的乘车都无法配齐四匹相同颜色的马，部分大臣只得乘坐牛车出行。社会经济凋敝，百姓家中缺少粮食。再加上与异姓诸侯王的权力斗争导致内部统治不稳定，种种原因致使汉王朝无力对匈奴开展军事反攻，只得采取“和亲”的妥协策略。虽然汉匈和亲，但匈奴对汉朝的攻掠却仍然不断。

汉文帝、汉景帝时期采取“休养生息”的统治政策，实施了“轻徭薄赋”等一系列措施，使社会经济得到了恢复和发展。在政治上，通过平定地方割据势力逐步加强了中央集权。在军事上，调整兵种结构。为了加强骑兵建设，汉朝还强化了对马场的经营管理，设置了三十六处马场，养马三十余万匹。大量的马匹为骑兵的设置提供了前提条件。

汉武帝登基后，国力更趋强盛，国库钱财充盈，粮库的谷物因爆满只好露天存放。雄厚的物质基础，使国防实力大大提高。汉武帝初年，虽仍然执行前几朝“和亲”的政策，但汉武帝已清楚地意识到，在扫平了异姓与同姓诸侯王的内部威胁后，强大剽悍的匈奴，已经成了最大的敌人。于是，汉武帝开始着手部署战略反击的各项准备。汉武帝从匈奴俘虏口中听到，匈奴把大月氏（原居中国新疆西部伊犁河流域的少数民族，西迁中亚后建立的国家）国王的头颅砍下来用头盖骨当作饮酒器皿，引起了大月氏人的怨恨，但苦于没有支援力量无力反击。汉武帝决定公开招募使者西行，联络大月氏东西夹击匈奴，从而拉开了对匈奴战略反击的历史序幕。

汉武帝建元二年（公元前139年），汉中郡城固（今陕西省汉中市城固县）人张骞应募执汉节率百余人自汉长安城出发寻找大月氏。途经匈奴，张骞一行人被俘，阻隔拘禁达十年之久。后张骞趁匈奴内乱的机会逃走继续西行至大宛、康居、大月氏、大夏诸国，于元朔三年（公元前126年）返回长安。张骞这次出使因为受到匈奴长期拘禁，未能及时与大月氏取得联系，虽然没有实现联合大月氏夹击匈奴的目的，但却为汉王朝首次带回了关于西域各方面的信息，为汉王朝打通西域及开辟丝绸之路奠定了基础。元狩四年（公元前119年）汉武帝再派张骞率领三百人组成的庞大使团二次出使西域，抵达乌孙（今伊犁河流域），成功与乌孙结盟。张骞在乌孙又派副使至大宛、大月氏、大夏、安息、身毒、于阗诸国，致使西域诸国始通于汉朝。在与匈奴多次作战胜利后，汉代于河西设武威、酒泉、张掖、敦煌四郡，在玉门关、阳关以西，沿途建烽隧亭障，戍边屯田，并设立西域都护府，保证了自长安西行，经河西，出两关抵西域诸国的丝绸之路的安全和畅通。图1–3为1973年甘肃省酒泉市金塔县肩水金关出土的汉代张掖都尉棨信，是汉代设立河西四郡的重要实物证据。汉朝使者、商人接踵西行，大量丝帛锦绣外运。西域五十余国通使大汉，不绝于路。各国商队也将各自的珍奇异宝运至长安。至此，丝绸之路正式开辟。

图1–3

汉代之后的魏晋南北朝时期，由于中原内部战争频繁，丝绸之路时断时续。至唐代统一全国后，重新将丝绸之路葱岭（帕米尔高原）以东的道路纳入官方统辖，丝绸之路也由此重新繁盛起来。唐太宗李世民时，大唐的军队击败了突厥与吐谷浑，消灭了高昌，使得大漠南北竞相臣服。到唐高宗时，又灭西突厥。至女皇武则天时，更进一步设立了安西、北庭两都护府。其中安西都护府下辖龟兹、碎叶、于阗、疏勒四镇，完全控制了葱岭以东的丝绸之路。由此，丝绸之路进入了鼎盛时期。

丝绸之路之所以能在长达一千多年的岁月中保持相对稳定、繁荣与发展，成为东西方文明交流的主动脉，很重要的一个原因是在它的东端，有一个相对强大与稳定的保护者——中国。作为一个幅员辽阔、民族众多、物产丰饶的大国，中国为整个丝绸之路的发展提供了一个相对稳定、巨大的消费市场与产品生产地，成为丝绸之路发展繁荣的重要前提。

丝绸之路的路线

丝绸之路的陆路交通线可分为东段、中段和西段三部分，其中东段和中段都在中国境内。东段指从长安经河西走廊至玉门关、阳关；中段指从玉门关、阳关以西至葱岭的今中国新疆维吾尔自治区一带；西段指葱岭以西经过中亚、西亚直到欧洲。

具体来说，丝绸之路的基本线路是：从长安出发，经河西走廊，出玉门关或阳关，越过白龙堆至古盐泽（今新疆维吾尔自治区罗布泊）西北的楼兰古城，进入西域。从楼兰古城开始分为两道，北道沿孔雀河经渠犁（今新疆维吾尔自治区库尔勒市）、乌垒（今新疆维吾尔自治区轮台县东）、龟兹（今新疆维吾尔自治区库车县）、姑墨（今新疆维吾尔自治区阿克苏市）至疏勒，而后越过葱岭，经大宛西行；南道则由楼兰古城经鄯善扜泥城（今新疆维吾尔自治区若羌县境内），沿今车尔臣河，经且末、于阗、皮山、莎车而后翻越葱岭，经大夏西行。南北道在木鹿（今土库曼斯坦马雷）会合，然后经今阿富汗、巴基斯坦、伊朗、伊拉克，抵达地中海东岸的叙利亚，再由这里横渡地中海最终联通欧洲。

此外，在这条丝绸之路的北方，还有一条被学者称为“草原丝绸之路”的交通线路，它是指蒙古草原地带沟通欧亚大陆的商贸通道，也是整个丝绸之路交通网的重要组成部分。其具体线路是由中原地区向北越过古阴山（今大青山）、燕山一带长城沿线，向西北穿越蒙古高原、中西亚北部，直达地中海至欧洲地区。

无论哪条道路，都绕不开长安城。因此，作为丝绸之路的起点，长安城必须是用浓墨重彩书写的一笔。

丝绸之路的意义

军事作用 丝绸之路最初的开通，特别是汉武帝派遣张骞“凿空西域”的目的本身是基于军事方面的考虑。丝绸之路的开通确实也对中原地区具有重要的战略意义——拓展了中原的战略空间。公元前121年，汉武帝派骠骑将军霍去病西征。汉朝占领河西走廊后，设置武威、酒泉、张掖、敦煌四郡。“徙民屯田”使大片荒野变成良田，防守西陲的人力、物力都可以就地给取，这使汉朝版图延伸到西域边缘，同时阻绝了匈奴与羌族的联系。狭窄的河西走廊犹如一把长长的利剑，把青藏高原和蒙古高原的联系劈开，在匈奴人苦心经营的草原弧形包围圈上撕开了一道巨大的缺口，从而导致了整个战略格局的重大变化。这不仅保障了中原的安全，提高了汉朝在西域势力斗争中的战略地位，还对匈奴形成了反向包围。

丝绸之路的开通以及中原王朝对西域的控制，把与西方文明接触的前哨向西延伸了数千千米，使得中原获得了上千千米的战略缓冲地带。唐玄宗天宝十年（公元751年），大唐安西都护府节度使高仙芝率领两万唐军与阿拔斯王朝（阿拉伯帝国的一个王朝，在该王朝统治时期，中世纪的伊斯兰教在全世界范围内达到了极盛状态。古代中国史籍《新旧唐书》中称之为黑衣大食）的军队在怛罗斯展开一场大战。这场战役最终以大唐安西都护府精锐军队折损过半的重大失败而告终。然而，这场战役失利的后果并没有对中原的统治产生影响，甚至在安西都护府遭受了重大损失后两年，新任安西节度使封常清仍然能率军大破依附于吐蕃的大勃律国（今巴基斯坦克什米尔控制区之巴勒提斯坦地区）。这固然与“安史之乱”前大唐处于国力的巅峰有关，但上千千米的战略缓冲地带的这一因素也无法忽视，否则开元十四年（公元726年）“安史之乱”后，在长安和洛阳两京沦丧的动荡之际，唐朝没有受到来自西域的威胁也是难以想象的。

贸易通道 中国是世界上最早发明养蚕织丝的国家，三千年前商代甲骨文就有关于蚕、桑、丝等的文字记载。大约在公元前3世纪时，希腊以及罗马的古书中已提到“赛里斯”（serice）一词，翻译成汉语即是“丝国”之意，这就是对中国的称呼。丝绸不仅是中国独家生产、奇货可居的商品，在西方人眼里更被看作是东方国度的文化象征。轻柔光亮、色彩绚丽的丝绸传入西方后，受到了追捧，形成了以穿丝绸为荣的社会风气。公元1世纪博物学家老普林尼在《博物志》中关于丝绸有这样的记录：“富豪贵族之妇女，裁成衣服，光辉夺目。”丝绸几经转手到了罗马，贵若黄金，老普林尼曾进行估算每年仅丝绸消费就高达十万盎司的黄金，以致政府多次下达禁穿法令，但却无法根绝。可以说，丝绸寄托了西方人对中国华丽、富裕、神秘的美好想象，也从一个侧面反映了丝绸之路在繁荣沿线经济上发挥的重大作用。

除了丝绸之外，香料也是非常珍贵的商品。特别是在唐代，香料在世俗生活、宗教活动等方面应用之广是前代无法匹敌的。唐代大部分香料主要靠从外国进口，其中一部分通过朝贡贸易获得。唐代史书中关于西域外邦进贡香料的记载繁多，试举几例："贞观十六年，乌苌国其王达摩因陀诃斯遣使者献龙脑香，玺书优答。""贞观二十一年，伽毗国献郁金香。叶似麦门冬，九月花开，状如芙蓉，其色紫碧，香闻数十步，华而不实，欲种取根。""开元七年，安国奉献……郁金香三十斤、生石蜜一百斤。""开元十二年，大食遣使献马及龙脑香。""开元二十二年，林邑国遣使献沉香。""开元、天宝年间，吐火罗国数献马、异药、乾陀婆罗二百品，红碧玻璃。"这些朝贡的香料主要供唐朝宫廷自用或皇室赏赐之用，而民间对香料的大量需求则要依靠丝绸之路上往来的大量胡商提供。

著名历史学家全汉昇先生曾云:"说到当日（指唐代）扬州国际贸易的商品，当以珠宝及贵重药品为多；因为这些商品无论是由外国输入，或是向外输出，都需远涉重洋，从而需负担一笔巨额的运费，而这一大笔运费，只有价值大而体积重量小的奢侈品才能负担得起。"此外，比利时学者亨利•皮朗在《中世纪欧洲经济社会史》中对中世纪国际贸易的主要商品香料也做了精辟的论说："香料是这种贸易（指国际贸易）的首要商品。一直到最后，香料所占的首要地位始终未变。香料不仅创造了威尼斯的财富，也创造了地中海西部所有大商埠的财富。……载运的方便和售价的昂贵，使香料具有无与伦比的优越性。因此，中世纪的贸易是以奢侈品的贸易开始的。所谓奢侈品的贸易就是成本较低、利润较高的贸易。"而丝绸与香料，对于出产它们的国家来说都符合成本较低而利润极高的要求。因此在丝绸之路上，形成了丝绸由东向西而香料由西向东的贸易流。面对这充满诱惑力的财富源泉，中外商人都产生了一种无法抑制的向往与冲动，东方的丝绸、茶叶、瓷器，西方的香料、珠宝、玻璃器皿等轻巧但昂贵的奢侈品通过丝绸之路源源不断地销往各地，它们为双方都带去了巨大的收益。正是这巨大的利益使得追求财富的人们在长达数千千米的丝绸之路上冒着生命危险涉黄沙、渡激流、避盗寇。

东西交融 从物质层面上说，丝绸之路开启了东西方不同物种的直接交流。张骞出使西域后，中原和西域的许多物种实现了双向流动。对于中原来说，胡豆、胡桃、葡萄、苜蓿等蔬菜瓜果的引进使得中原地区农业生产与人们的物质生活变得更为丰富。制作胡饼、面条等新的烹饪方式则让人们享受到了各种风味的异域美食。此外，狮子、大象等动物被进贡到长安，其中最为著名的当属“汗血宝马”。在唐代贵妇饲养的宠物狗、宠物鸟等也多来源于西方。图1–4为唐代周昉《簪花仕女图卷》局部，图中唐代贵妇的宠物狗是通过丝绸之路带来的舶来品。而对于西方来说，中原的桃、梨被引入印度，桂皮、黄连被引入阿拉伯国家。张

图1–4

骞出使西域时，在大夏发现了蜀布、邛竹杖，这说明早在西汉之前，成都平原的特产就已经在中亚出现了。

从技术层面上看，西方的金银器制作工艺、养马技术等在唐代留下了许多杰出的产物。而中原的打井、火药、造纸等技术也逐步西传。这些技术的传播并不像物品传播那么直接，而是突破了许多障碍和壁垒，但对世界文明史的推进却尤为明显。马镫在中国的北魏时期就曾出现过，它的西传是欧洲中世纪骑士制度的重要支撑，骑士制度是欧洲中世纪神权的保障。然而最终推翻中世纪神权统治的又是以造纸术为核心的文艺复兴和以黑火药为基础的近代热兵器。这两者一个推倒了神学的院墙，一个炸开了封建的城堡。

从文化层面上看，佛教、摩尼教、袄教、伊斯兰教、景教等宗教纷纷传入中原，其中很多思想深刻影响了中国人的思维与行为方式。特别是佛教，佛教思想传入中原后与儒家思想和道家思想融合、砥砺才促使了宋明理学、心学的出现，也促使佛教开出了禅宗这朵新花。

此外，中原的音乐、舞蹈及服装、绘画等各个方面都受到了“胡风”的强烈影响。唐代盛行胡乐，所谓“胡乐”，指的就是西域地区的音乐，包括乐曲、歌舞等。胡乐传入中国较早，南北朝时已十分流行。唐代后，更得到了社会各阶层的喜爱，成为一种时尚。唐代宫廷音乐分为雅乐、清乐、燕（宴）乐三种，其中最盛行的是燕乐。初唐时，燕乐有《十部乐》。《十部乐》源于隋代的《九部乐》。其中，《天竺乐》《龟兹乐》《安国乐》《疏勒乐》《康国乐》和《高昌乐》都是胡乐，《西凉乐》则是胡汉音乐融合的产物。这一方面是安抚四夷的需要，另一方面也体现了唐人对胡乐的偏爱。

唐代所谓的“胡服”，不但包括西北少数民族的服装，还包括印度、波斯等外国服饰的混合元素，是多民族共同生活、相互交流的产物。胡服在剪裁、面料、款式、色彩等方面都充满了异域情调，并以其具有的勇武之美、自然之美、开放之美等纯粹审美效果和独特的艺术魅力赢得了中原地区人们的青睐。胡服也因此在中原地区迅速流行起来，乃至出现了“女为胡妇学服妆，伎进胡音务胡

图1-5

乐”的景象，这一现象足以说明胡服对中原服饰的深远影响。图1-5为1952年出土于陕西省咸阳市杨谏臣墓的彩绘胡服女立佣。

宋代著名画家和画史评论家郭若虚的《图画见闻志》在提及前代绘画时，曾论“曹吴体法”。这里的“吴”指的是唐代被誉为“画圣”的大画家吴道子，而“曹”则指的是南北朝时期的著名外来画家曹仲达。曹仲达是北齐的重要画家，原系中亚曹国（今乌兹别克斯坦撒马尔罕一带）人。《图画见闻志》记载：曹仲达以画梵像著称，为北齐第一人，官至朝散大夫，“吴之笔，其势圆转，而衣服飘举。曹之笔，其体稠叠。而衣服紧窄。”这是美术史上称“吴带当风，曹衣出水”的来源。在唐代我们能看到许多具有曹仲达风格的“曹家样”艺术品。这种艺术风格对中国绘画与雕塑的影响极其深远。

再从这里出发

人类社会的形成是漫长的，但其发展与繁荣从来就与交往、交流密切相关。这种交往、交流包括物种的互通有无，技术的互师所长，习俗的交相借鉴，思想的碰撞乃至人种与基因的交流融合。纵观人类发展的历史，自身拥有强大创造力和文化底蕴的族群无论兴衰都会在这种交往、交流中焕发出勃勃生机。以开放的态度积极吸收、利用、交流成果并规避风险往往能为一个文明进程带来重大的发展契机，而无视周边变化盲目自大或者漠视阻隔这种交流，则难免使这个文明进程陷入停滞的境地，进而危及民族的存亡。

时间的列车已驶入公元21世纪，曾经盛极一时的丝绸之路已沉寂了数百年，这条道路沿线的各个国家包括中国，都随着时代的变迁经历了历史洪流的大浪淘沙。当今的中国已经成为世界第二大经济体，且发展势头依然强劲。中亚地区也已逐渐成为重要的能源供应基地。重振丝绸之路，尤其是大力发展面向中亚的贸易经济已经越来越有必要。中国与中亚不仅在地区安全上互为依托，在经济层面上也有很大的互补性，双方的贸易发展迅速。近年来，中国已分别成为哈萨克斯坦、乌兹别克斯坦、吉尔吉斯斯坦和塔吉克斯坦的第二大贸易伙伴。1992年，中国与中亚五国贸易总额仅为4.6亿美元，2012年已高达459.4亿美元，20年间增长了近100倍。

2013年，习近平总书记适时提出的“新丝绸之路经济带”战略构想为我们勾勒出了一幅和谐发展的恢宏画卷，表达了中国进一步改革开放的决心以及谋求与各国友好合作、共同发展的理念。新丝绸之路经济带是在古丝绸之路概念基础上形成的一个总人口近30亿的新兴经济发展区域。在它的东边，是繁荣的亚太经济圈，而西边则连接着发达的欧洲经济圈。作为两者之间的枢纽，中亚经济带被认为是世界上最具有发展潜力的经济大走廊。

纵观古丝绸之路两千多年的兴衰史，我们不难得出这样一种结论，中国是塑造丝路形态的主导力量，“中国兴，则丝路兴”。当前，中国已再次呈现出大邦的胸怀和气度，这为古丝绸之路的再次兴起与稳定发展提供了前提与保障。

长安，这座在时间轴那端散发无穷光芒的神奇之城就沉睡在今天西安的身体里。如今，插上新的翅膀，我们仿佛看到古老而又崭新的西安已经踏上丝绸之路的故道，为了光荣与梦想再次启程。

【参考文献】

[1] 广东海上丝绸之路博物馆. 海上敦煌——探秘"南海1号"[M]. 广州：南方日报出版社，2010.

[2] 陕西历史博物馆. 丝绸之路——大西北遗珍[M]. 北京：文物出版社，2010.

[3] 耿翔，贺小魏. 丝绸之路的历史地理学解读——专访历史地理学博士徐君峰[N]. 陕西日报，2013-11-8(9).

[4] 石云涛. 三至六世纪丝绸之路的变迁[M]. 北京：文化艺术出版社，2007.

[5] 韩保全. 汉唐长安与丝绸之路[J]. 文博，2006(6)：52-55.

[6] 许序雅. 胡乐胡音竞纷泊——胡乐对唐代社会影响述论[J]. 西域研究，2004(1)：69-77.

[7] 冀东山. 神韵与辉煌——陕西历史博物馆国宝鉴赏·陶俑卷[M]. 西安：三秦出版社，2006.

[8] 王国巍. 论丝绸之路中的品牌战略思想[J]. 丝绸之路，2014(14)：14-16.

第二章 吉金铭战功

——多友鼎

多友鼎

第二章

吉金铭战功

——多友鼎

1980年，陕西省长安县斗门公社（今陕西省西安市长安区斗门镇）下泉村的几个村民在距该村东北约一百米处翻土挖沙时，从深约四米的细沙堆中，发现了一件青铜鼎（见上页插图）。村民们迅速将其交给了当时的陕西省文物管理委员会。

图2-1

鼎是由远古时期陶制的食具演变而来。鼎腹下的足是灶口和支架，腹下烧火，便可煮熟食物。这件方格纹灰陶鼎（图2-1），属新石器时代晚期龙山文化遗存，于1959年在河南省偃师市出土。随着人类冶金技术的发明与进步，人们逐渐学会用青铜来制作鼎。在之后的发展过程中，鼎又多了一项功能——成为祭祀祖先与神灵的一种重要礼器。

吉金铸史　铭刻战功

下泉村发现的这件青铜鼎为釜形，三蹄形足，口沿上立双直耳（图2-2）。鼎通高51.5厘米，口径50厘米，腹部最深处距口沿31厘米，重约37千克。鼎耳高10厘米，宽11.6厘米，厚3厘米。器物光素无华，仅在器腹上部装饰两道弦纹。蹄形足高20厘米，直径7厘米。鼎腹底部附着着厚达0.2厘米的墨灰，可能是因为长期炊烹而遗留的痕迹。鼎腹内壁有长篇铭文（图2-3），分22行，共铸有279个字（铭文全长275字，其中合文3字，重文1字）。图2-4为鼎腹内壁铭文拓片。铭文中一共8次提到“多友”，这件青铜鼎也因此被命名为“多友鼎”。多友鼎是新中国成立以来陕西省出土的西周青铜鼎中铭文最长的一件。

图2-2

图2-3

图2-4

铭文释文为：唯十月，用猃狁放兴，广伐京师，告追于王。命武公：“遣乃元士，羞追于京师。”武公命多友率公车，羞追于京师。癸未，戎伐筍，以俘。多友西追。甲申之晨，搏于漆，多友有折首执讯：凡以公车折首二百又五人，执讯廿又三人，俘戎车百乘一十又七乘，以复筍人俘。或搏于共，折首卅又六人，执讯二人，俘车十乘。从至。追搏于世，多友或有折首、执讯。乃轶追，至于杨冢。公车折首百又十又五人，执讯三人，唯俘车不克以，衣焚，唯马驱尽，复夺京师之俘。多友乃献孚、馘讯于公。武公乃献于王，乃曰武公曰："汝既静京师，釐汝赐汝土田。"丁酉，武公在献宫，乃命向父召多友，乃延于献宫。公亲曰多友曰："余肇使汝，休不逆，有成事，多擒，汝静京师，赐汝圭瓒一、汤钟一肆，鐈鋚百钧。"多友敢对扬公休，用作尊鼎，用朋用友，其子子孙孙永宝用。

大意：某年十月，猃狁侵犯京师。周王命武公抵御，武公派遣多友率兵追击。多友在十几天内，共打4仗，都取得了胜利，杀敌350余人，俘虏20多人，缴获战车127辆，并救回了被俘虏的周人。武公将战绩报告给周王，周王赏赐给武公包括玉器、青铜等在内的若干财物。武公将部分赏赐赐予了多友，多友为了纪念这次胜利，铸造这件青铜鼎以记其事。

多友鼎里的"王"指的是西周晚期的周厉王，姬姓，名胡，西周的第十位君主。周厉王在位期间重用荣夷公，被唆使改革原有的制度，以对一些重要物产征收"专利税"的方式改革经济，把操控在贵族手上的经济特权收归王室，但并没有成功，却因此引来了巨大的非议。周厉王不得不以严刑峻法钳制改革反对者的意见，最终招致民众大规模的反叛。"防民之口，甚于防川""道路以目"这两个成语就出自周厉王时期。而后周厉王被驱逐出国都镐京（今陕西省西安市长安区附近）逃亡至彘地（今山西省临汾市霍县一带）。之后，周朝进入"共和行政"时期，由召公与周公两位相国共同代理朝政。共和十四年（公元前828年），周厉王最终客死异乡。周厉王在位期间，在军事上颇有功绩，在对噩侯（西周时期南疆的一个大国）和淮夷（古族名。夏朝至周朝时居于淮河下游一带）的战斗中都取得了重大的胜利。

多友鼎中的"武公""多友"，最初的研究者们认为是卫武公与郑桓公，然而后来学者经研究已经推翻了此种观点。目前多认为"武公"就是西周晚期兴起的武氏家族中的一位重要人物，周厉王身边的重臣，但具体是谁难以确指，而

“多友”则是武公手下的一名将领。

多友鼎记载的这场战争不是周人主动发动的战争，而是一场自卫反击战，是由玁狁“广伐京师”掠夺周人而起，使得周人被动地加入战争并取得胜利。

这场战争的主力不是周朝的正规军，而是诸侯的族军。周朝正规军的最高编制目前所见为“师”，一师约三千人。比较重要的有“西六师”“成周八师”与“殷八师”。西六师是指驻扎在“宗周”镐京的周人军队，他们是周人的老家底，是周人灭商的主力军。周人灭商后，为了稳固对商人遗民的统治，在今天的河南省洛阳市建立了“成周”洛邑，形成了成周洛邑与宗周镐京东西并重的两京制。由于镐京在西，洛邑在东，因此驻守宗周镐京的六师军队被称为西六师，而驻守成周洛邑的新建的周人军队就被称为成周八师。此外还有周人收编的商人军队，称为殷八师。这些都是西周的主力军队。但多友鼎中记录的这场战争，周厉王既没有派出西六师，更没有征调成周八师或殷八师，而是告知武公，让他去反击玁狁的攻击。因此多友作为武公的下臣，其所率领的应该是武公的族军。这一点由铭文中所记录战斗结束后多友向武公而非向周王献俘也可以看出，因此周王赏赐的也是武公，多友则是由武公转赠了部分赏赐。

这场战争发生时，西周的主力军队正在南线作战。西周自穆王以来，淮夷渐盛，与周人屡相攻伐，西周王朝的兵力主要部署在南方江汉地区，战争对象则由昭王时的楚荆转向了淮夷。周厉王时期，周人与淮夷展开了非常激烈而持久的战争。淮夷兵锋之盛甚至一度攻至伊水、洛河，等于是陈兵成周，而成周之南的应国、邓国等都没能阻止淮夷以屏卫成周，由此也可见当时淮夷实力之强。为了征伐淮夷，周厉王不得不征调成周八师、殷八师以及数个诸侯的族军，导致国内兵力不足，这才出现了面对玁狁内侵不得不委命武公抵御的情况。

玁狁入寇　西北告急

多友鼎中的“玁狁”究竟是何族？目前我们对玁狁的了解主要依靠两个方面的资料，一方面是文献，包括《诗经》《左传》等，如《诗经·小雅》中提到伐玁狁的《采芑》云：“蠢尔蛮荆，大邦为雠……征伐玁狁，蛮荆来威。”诗中记述了周人伐獫狁时，楚荆已在南方强盛到与“大邦为雠”的程度，使得周人面临两面作战的困境。另一方面则是出土青铜器上的铭文记载。目前发现的铭文涉及獫狁的青铜器除多友鼎外，还包括禹鼎、兮甲盘等。其中最有名的当属周宣王至周幽王时所做的虢季子白盘（图2-5）。该盘于晚清道光年间出土于今陕西省宝鸡市，现藏于中国国家博物馆。器主虢季子白因为征伐獫狁有功，受周王封赏，特做盘记功。这些文献与铭文史料对我们了解獫狁具有重大的帮助。

图2-5

对于獫狁的族源，既往以著名学者王国维为代表的学者多认为是匈奴的前身。然而近年来以尹盛平、彭裕商为代表的一批学者已经对这一观点进行了深入的探讨，认为獫狁的族源与匈奴并无关系。獫狁是当时西北地区的民族。至于其族源，尹盛平先生持“羌族说”，认为獫狁是羌族的一支，就是灭亡西周的犬戎。而彭裕商等学者则认为獫狁是来自更西部的白色人种塞种人。但两种观点都一致认为獫狁不论何种族源，应当与匈奴人无关。这一点在多友鼎的铭文中也有体现，多友在对獫狁的作战中缴获了獫狁的战车百余辆，说明了獫狁拥有相当数量的战车，这与匈奴人完全依靠骑兵有明显的不同。

关于獫狁活动的地域，最初是在瓜州。这个瓜州在何处也因为学者们对獫狁族源的认识不同以及对文献的理解不同而存在两说：一说是在今天甘肃省酒泉市、敦煌市一带；另一说是在今甘南洮河流域一带。不过两种观点都认为，在西周早中期，周人与猃狁之间相安无事，可能是因为猃狁的活动地域与周人的西北边疆尚有一定距离。而到了西周中期的周穆王时期，猃狁的活动范围迁至今天陕甘宁交界一带的陇山地区,主要是甘肃省定西市渭源县鸟鼠山一带，从而进入了西周的西北边疆。从周厉王时期开始至周宣王时期，猃狁开始不断向东边的周人发动战争，双方互有攻守。

周平王东迁之后，西周灭亡。周人的主体势力东迁洛邑。猃狁趁机占据了关中地区原来属于周人的部分土地。然而好景不长，秦人迅速地崛起预示了猃狁的灭亡。公元前771年，秦襄公因出兵护送周平王东迁有功，受封为诸侯，得到了关中地区原属于周人土地名义上的所有权。为了取得这些土地，秦人与猃狁间战火不断。猃狁终于被打败而东逃，并最终被秦、晋联军消灭。

由点至线　丝路初始

多友鼎为我们所记录的是西周晚期一场战争的场景。这场战争发生的主要区域是今天泾河中上游的区域，包括从陕西省咸阳市彬县、宝鸡市麟游县经甘肃省平凉市到宁夏回族自治区的固原市一带，属汉唐时期丝绸之路由河西走廊前往长安的重要一段。但在公元前9世纪的西周晚期，这里是周人与猃狁争占拉锯的西北边塞。丝绸之路还要等到几个世纪以后才开通。这一时期中原对西域的认识只存在于模糊的口耳相传与道听途说之中。虽然有《穆天子传》这样的文献系统地描述了遥远西域“昆仑”的场景，但实际上这本书中描述的时间不早于战国中晚期，其对西域“昆仑”的描述也充满了浪漫的想象而非亲眼所见的纪实。

当然，商周时期的东西方也并不是没有贸易往来。在位于今河南省安阳市的商代殷墟遗址的许多墓葬中出土了大量的玉器，其中一部分是来自今天新疆的和田玉。图2-6（见下页）为商代殷墟遗址墓葬中出土的和田玉制成的兽面形饰。如果没有贸易往来，很难想象这些珍稀货物能跨越数千千米从和田来到中原地区。而到了西周时期我们也在周原地区（今陕西省宝鸡市扶风县、岐山县一带）的西周墓葬中发现了众多和田玉材质的饰品。1980年陕西省宝鸡市岐山县王家嘴村二号西周墓中出土了一件花冠玉凤鸟（图2–7），这件花冠玉凤鸟长约4厘米，高约2.6厘米。凤鸟圆眼勾喙，头上有长长的花冠，站立垂尾作休憩状。玉质洁白莹润，透明感强，是典型的和田籽料。目前所发现的西周和田玉材质饰品的数量明显多于商代，这也从一个侧面说明，商周时期中原与西域存在着以玉石等贵重原料为媒介的交流与贸易。由于中原与西域之间广袤复杂的地理阻隔，这种贸易并不是直接的，而是通过生活于这一地区的众多民族为中介开展的。这其中是否也包括猃狁？目前并没有确切的资料能够证明。但不论如何，丝绸之路上各民族间早期的交流促使了各民族的交融，使一个个孤立的民族逐渐被一条时断时续的线联系起来。到公元前2世纪与公元前1世纪之间，在汉朝与匈奴的共同推进下最终连成了从长安向西直至地中海，一条东西方文明交流的大动脉——丝绸之路。

图2–6

图2–7

【参考文献】

[1] 田醒农,雒忠如. 多友鼎的发现及其铭文试释[J]. 人文杂志,1981(4):115-118.

[2] 李学勤. 论多友鼎的时代及意义[J]. 人文杂志,1981(6):87-92.

[3] 张广志. 西周史与西周文明[M]. 上海:上海科学技术文献出版社,2007.

[4] 商艳涛. 西周金文中的族军[J]. 考古与文物,2009(3):97-101.

[5] 尹盛平. 猃狁、鬼方的族属及其与周族的关系[J]. 人文杂志,1985(1):69-74.

[6] 彭裕商. 周伐猃狁及相关问题[J]. 历史研究,2004(3):3-16.

[7] 中国社会科学院考古研究所. 安阳殷墟出土玉器[M]. 北京:科学出版社,2005.

[8] 刘云辉. 周原玉器[M]. 台北:中华文物学会,1996.

第三章 汉代皇权的象征

——皇后之玺

皇后之玺

第三章

汉代皇权的象征
——皇后之玺

在陕西历史博物馆的汉代展厅中，珍藏着这样一枚玉印：它的边长为2.8厘米，高2厘米，仅重33克，看起来并不起眼，然而它却是当之无愧的国宝——皇后之玺（见上页插图）。

这枚玺印采用新疆和田羊脂玉制成，玉质坚硬细腻，温润洁白，没有丝毫沁色。印章的背面圆雕成螭虎的形状。螭是传说中的一种动物，《说文解字》中解释："螭，若龙而黄。"螭虎纹也称蟠螭纹，是从战国开始流行的装饰纹样，象征着权力和王者高贵的身份。这只螭虎盘卧在玺印背面，两爪前伸，仿佛正要腾跃而起；它头微微上扬，双目圆睁，双耳后抿，贴在脑后，整个造型威严庄重，彰显出皇权的神圣不可侵犯。印章的四个侧面阴刻方框，里面各刻着四条双头勾连云纹。玺印的正面阴刻四个篆体字"皇后之玺"（图3-1，见下页），字体规整，刀法流畅，笔画粗细均匀，深度一致，体现出当时高超的篆刻水平。

机缘巧合　汉玺重现

说起这枚皇后之玺的发现经过，还有一个有趣的故事。1968年夏天一个雨后

图3-1

的傍晚，陕西省咸阳市韩家湾小学的学生孔忠良放学回家。当他沿着渭惠渠边上的路走到狼家沟时，无意中看见渠南边的土坎上有个白色的东西在夕阳的照耀下闪着微光。他好奇地走上前去，拾起来一看，原来是一块四四方方的小石头。他有些失望，正想将它扔掉的时候，突然瞥见石头背面还刻着一个小动物，着实可爱。于是，孔忠良将石头揣进兜里，决定带回家拿给父亲看看。

晚上，孔忠良的父亲孔祥发将这块白石洗干净，在煤油灯下仔细端详。白石在火光的映照之下，散发出莹润的光泽，仿佛凝脂一般。白石背面的小兽栩栩如生，雕工细腻精致，非常灵动形象；正面所刻的像是文字，却难以识读。孔祥发联想起村子里曾有人在耕地时挖出过文物，顿时觉得这东西一定非同寻常。第二天一大早，孔祥发便带着这块“白石”来到当时的陕西省博物馆，请专家看个究竟。专家一看，这分明是一枚用上等玉料雕刻成的印章，专家用放大镜看清印章上的字时，竟惊呼起来。原来，这四个字正是“皇后之玺”，说明这枚印章极有可能是一位皇后的玉玺。

这件事情引起了文物主管部门的高度重视，他们立刻组织相关专家来到文物的发现地点进行调查。专家们注意到，这枚玺印的发现地距离汉高祖刘邦与皇后吕雉合葬的长陵仅有一千多米。据《汉官旧仪》记载：“皇帝六玺，皆白玉螭虎纽……皇后玉玺，文与帝同。皇后之玺，金螭虎纽。”这枚玺印，无论从质地、式样还是印文内容上看，都与《汉官旧仪》的记载相符。综合以上线索，这枚玺印的主人很可能就是吕雉。

吕雉是汉高祖刘邦的结发妻子。早在刘邦还是泗水亭长的时候，吕雉就嫁与他为妻，跟着他过着贫困交加、颠沛流离的生活。在刘邦开创汉家基业的过程中，吕雉一直是他得力的贤内助，并显示出非同寻常的胆识和决断力。在汉朝建立之后，吕雉不但成为皇后，更跻身权力核心集团。她助刘邦铲除异己，翦灭有谋反之心的韩信、彭越等异姓诸侯王，消除了分裂势力，巩固了汉朝统一局面。刘邦去世之后，吕后之子刘盈即位，为汉惠帝。新帝年幼且性格柔弱，大权落入太后吕雉的手中。吕雉执掌政权长达16年之久直至去世，成为当时大汉王朝实际上的决策者。

在吕雉的身上，既有刚毅果决、雄韬伟略的领袖气质，又有凶狠残暴、喜疑善妒的性格弱点。吕后当政时期，沿袭汉高祖"与民休息"的政策，通过轻徭薄赋的政策鼓励农耕，《史记》中记载："民务稼穑，衣食滋殖""政不出房户，天下晏然"，社会经济水平达到了新的高度，为"文景之治"的出现奠定了良好的基础。然而，吕后的残暴也为历代史家所诟病。刘邦生前一直对戚夫人宠爱有加，并一度想改立戚夫人之子赵王为太子。刘邦死后，吕雉便对这对母子进行了惨无人道的报复。她不但毒杀赵王，更命人将戚夫人的手足砍断，刺瞎双眼，割掉双耳，灌下哑药，制成"人彘"扔入厕内。此外，吕雉为巩固自身权力，不断铲除异己，培植党羽。她罔顾高祖生前"非刘氏而王者，天下共击之"的旨意，大封诸吕为王，任命吕氏族人在朝担任高官要职，使得刘汉政权旁落外戚手中。这枚小小的皇后之玺，见证了吕雉从皇后成长为拥有无上权力的一代女主的传奇一生。

吕雉去世之后，与汉高祖合葬长陵。按汉代制度，帝后陵园便殿（陵墓的礼制性建筑，又名别殿、便室，是指宫室正殿旁的配殿）内放置着主人生前的衣冠和用具，这枚皇后之玺很可能是吕后陵寝便殿内的供祭物。那么，它是如何跑到一千多米以外的狼家沟的呢？据《后汉书•刘盆子传》记载：西汉末年，赤眉军攻入长安后，曾毁掉汉帝很多陵墓，长陵也遭受盗掘和破坏。专家推测，皇后之玺可能因此遗落，被雨水冲到狼家沟，掩埋在泥沙中。两千多年后由于一场大雨才让它洗尽尘埃，展露微光，机缘巧合地重现在世人面前。

昆山玉路　美玉西来

不唯皇后之玺，我国历代的帝后玺印多以玉为材料，这与玉在中国传统文化中的独特内涵是分不开的。我国的玉文化源远流长。早在旧石器时代，原始先民便对玉这种材料有所认识，并加以利用。当时人们以玉制器，更多的是出于对大自然神奇造化的“石之美者”的喜爱。在此之后的漫长过程中，玉以其稀少的产量、温润的特性，逐渐被赋予了更多的文化内涵。新石器时代的玉圭、玉琮、玉璜、玉钺已初步具备了礼器性质，超越了单纯的物用范畴而成为身份、权力和地位的象征。到了春秋战国时期，以孔子为代表的儒家学派将“玉”这一意象纳入自身的学说体系，以玉喻人，指出玉有“十一德”，即“仁、知（智）、义、礼、乐、忠、信、天、地、德、道”，将玉和君子美德联系在一起。《周礼》记载：“以玉作六瑞，以等邦国。王执镇圭，公执桓圭，侯执信圭，伯执躬圭，子执谷璧，男执蒲璧”，以玉的形制不同来指示权力等级的区别。

汉代的玉文化在继承先秦玉文化的基础上有了新的发展，玉的使用范围涵盖仪礼、丧葬、祭祀、朝聘、日用等各个层面，种类繁多，规仪完备。汉代的统治阶级非常重视玉在维护阶级秩序和宣扬教化方面的作用，对玉本身的质地也有了更高的要求，而和田玉独以其“温润而泽”“缜密以栗”的特性，成为统治者珍视渴求的对象。

和田玉产自新疆和田、莎车、且末一带的昆仑山脉，在矿物学上属于软玉。和田玉古称“月氏之玉”“隅氏之玉”，秦称“昆山之玉”，汉称“于阗玉”，清称“和田玉”，“和田玉”这个名称沿袭至今。颜色上有白玉、青白玉、青玉、黄玉、碧玉、墨玉等，其中以色泽如脂似糖、质地细腻滋润的白玉为上品，称为“羊脂玉”。事实上，我国古代帝王对和田玉的企慕由来已久。河南省安阳市殷墟遗址妇好墓中出土的玉制品经鉴定大部分来自新疆地区，这说明和田玉在商代王室用玉中所占的比例很高。春秋战国时期，和田玉大量输入中原，成为王室诸侯竞相追逐的对象。故宫博物院珍藏的玉螭凤云纹璧（图3-2，见下页）以和田白玉制成，堪称战国玉璧中最精美者。

自夏、商、周三代开始，产自新疆的和田美玉被源源不断地输送至万里之外的中原王朝。这条运送玉料的通道被称作“玉石之路”，它以昆仑山北麓为中心，不仅向东沿河西走廊或北部草原抵达中原地区，还向西跨越戈壁沙漠延伸至中亚地区。而这条通道的开通时间，要比张骞正式“凿空”西域早了数千年。可以说，这条“玉石之路”是最早沟通边疆与中原、东方与西方的运输道路，后世的丝绸之路正是在这条古老通道的基础上发展延伸而来的。

图3–2

汉武帝时张骞出使西域，对当地的产玉情况有了更清楚的了解。丝绸之路的开通极大地推动了和田玉的生产与输出，玉料也成为丝绸之路上最为重要的贸易品之一。汉武帝曾专门派遣使者前往和田，将采集到的优质玉料带回中原。《史记·大宛列传》中记载:“汉使穷河源，河源出于阗，其山多玉石，采来，天子案古图书，名河所出山曰昆仑云。”从考古发现来看，汉代高等级的玉制品中，出现了羊脂玉这样的珍贵原料。

在东西方交往的漫长历程中，被视为玉中极品的和田美玉恰如一位使者，扮演着开路先锋的角色。它首开西北边陲与中原地区之间的运输通道，这在东西方文化交流中的地位和作用是不言而喻的。

方寸之间　气象万千

玺印即印章，上刻文字，背部有钮，钮中多有孔，可系绶带。玺印的起源时间很早，“玺”这一名称最早见于《左传·襄公二十九年》中“季武子取卞，使公冶问，玺书追而与之”的记载。而就现存的实物资料来看，尚未有明确的春秋以前的古玺。20世纪30年代，收藏家黄濬所著《邺中片羽》中收录了三枚据说出土于河南省安阳市殷墟遗址的铜印，古文字学家于省吾先生所著的《双剑誃古器物图录》中刊印了铜印的照片和拓本。由于没有明确的发掘信息，学术界对这三枚铜印是否为商玺仍存争议。皇后之玺应是目前发现的年代最早的帝后级别的玺印实物，也是唯一一枚汉代皇后玺印，它为研究玺印的起源与发展以及秦汉玺印制度提供了宝贵的资料。

从综合文献和考古材料两方面来看，玺印在战国时期已普遍使用。战国玺印可分为官玺和私玺两大类，形状以正方形居多，也有圆形、长条形等。玺印多为铜制（图3-3为上海博物馆馆藏的一枚战国“陈之新都”铜玺），也有以玉、骨、琉璃为材料的。玺印背面的钮以鼻形钮最为常见，除此之外还有覆斗钮、亭钮、兽钮等。玺印文字在大篆的基础上多有波磔，讲求构图的美感和布局的错落，因此呈现出参差奇崛、变化无穷的艺术效果。

图3-3

秦始皇统一六国之后，施行了一系列巩固中央集权的政策，这其中就包括建立与封建等级制相适应的玺印制度。秦以前“玺”“印”两种名称没有本质区别，无论官印还是私印皆可称玺。而秦代玺印制度则规定，“天子独以印称玺”，臣民的官印和私印只能称“印”，《史记》中记载：天子之玺“独以玉，群臣莫敢用”。这样的规定从名称和材质上对皇帝玺和其他印章加以区别，体现出皇权的至高无上。

秦代的玺印制度在西汉得到了进一步完善。皇帝用印称“玺”，即所谓的“御玺”，白玉螭虎钮。皇后、太后及诸侯王用印或称“玺”，或称“印”，以称“玺”者居多，质料为玉或黄金，钮式有螭虎钮、龙钮、龟钮等；百官之印称“印”或“章”，印的质地、形制及绶的颜色因官职高低而异。《汉书》中记载：丞相、太尉、将军等高官及少数民族首领配金印紫绶，秩比二千石以上官吏用银印青绶，六百石以上为铜印黑绶，二百石以上为铜印黄绶。印钮形式以龟钮为主。《汉官仪》中有载："龟者，阴物，抱甲负文，随时蛰藏，以示臣道，功成而退也"，意寓文武兼备，为官低调，懂得进退，体现出君臣之间的尊卑有序。汉代私印的制作则较为自由，形式丰富，不拘一格。目前所见传世及出土品材质以铜最多，也有以金、银、玉、石、木、玛瑙等为材料。钮式有瓦钮、覆斗钮、坛钮、桥钮、鱌钮、兽钮等多种类型，并且出现双面印、多面印、子母印等异形印。印文内容除传统的姓名印之外，新出现吉语印、肖形印等，拓展了印章的功能。

以往对汉代帝后玺印的认识，因缺乏实物资料，仅局限在《汉官仪》《汉官旧仪》等史料的零星记载中。而"皇后之玺"的发现，则为我们认识秦汉帝后玺印的实际情况提供了实物资料。据《汉官旧仪》中所载：皇帝玺印有"皇帝行玺""皇帝之玺""皇帝信玺""天子行玺""天子之玺""天子信玺"六种，即所谓的"乘舆六玺"，用途各不相同。六玺至今未见实物，但能从他处得到旁证。清代金石学家陈介祺收藏"皇帝信玺"封泥一块（图3-4），收录在其著作《封泥考略》中。学术界虽对封泥的具体年代归属有颇多争议，但属秦汉时期无疑。广东省广州市象岗山南越王墓中出土一块"文帝行玺"金印（图3-5），其本身不是御玺，是南越文王赵眛僭越称帝而仿照中原朝廷帝玺所作，所以它保存了秦汉时期"皇帝行玺"的大致面貌。而由"皇后之玺"以及《汉

图3-4

图3-5

官旧仪》中“皇后之玺，文与帝同”的记载，则可推知与之相对应的“皇帝之玺”形制也应大致相同。

如今，两千多年前的风流人物早已化作一抔黄土，唯独这枚“皇后之玺”还在向人们诉说着过往的故事。在这方寸之间，上演的是吕后功过相交、毁誉参半的传奇一生，是大汉帝国风云诡谲、变幻莫测的权力交替。更难得的是，这枚“皇后之玺”从乡间田坎来到文化殿堂的过程，体现着中国普通老百姓自觉自愿保护文化遗产的平凡壮举。在2012年12月举办的“保护大遗址　弘扬汉文化”表彰大会上，当年发现并主动上交“皇后之玺”的孔忠良获得“先进个人”称号。在大会上，孔忠良的发言颇为感人：“虽然我的日子过得并不算富裕，但我没有为我无偿捐出这样的无价之宝后悔过，我还会一如既往地为保护国家文物做贡献。”

【参考文献】

[1] 金夷，潘江. 再论中国玺印的起源——兼说所谓商玺的真伪[J]. 考古与文物，1996(1)：43-45.

[2] 孙慰祖. 从“皇后之玺”到“天元皇太后玺”——陕西出土帝后玺所涉印史二题[J]. 上海文博论丛，2004(4)：92-95.

[3] 李如森. 汉墓玺印及其制度试探[J]. 社会科学战线，1996(5)：126-131.

[4] 孙慰祖. 印章[M]. 上海：上海人民美术出版社，1998.

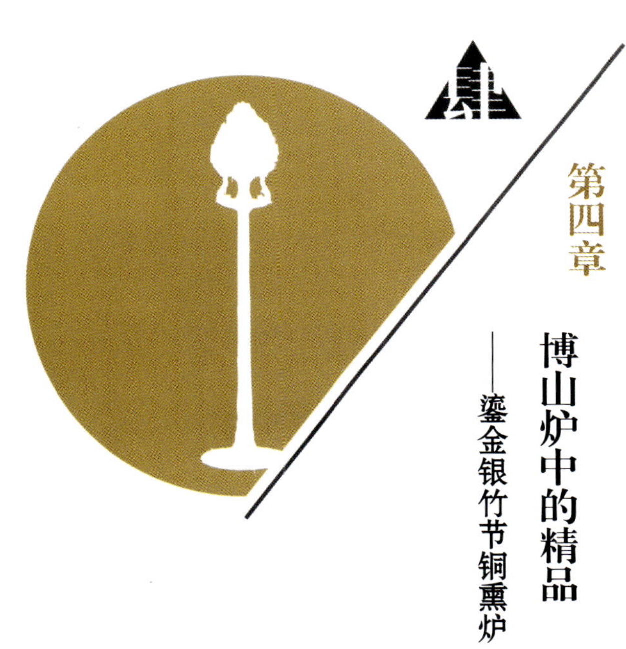

第四章

博山炉中的精品

——鎏金银竹节铜熏炉

鎏金银竹节铜熏炉

鎏金银竹节铜熏炉

第四章

博山炉中的精品

——鎏金银竹节铜熏炉

中国的香文化源远流长，与熏香有关的器具也不胜枚举。考古发现的一件件精美的熏香器具为我们认识中国香文化打开了一扇窗。现在，让我们一起走近鎏金银竹节铜熏炉（见上页插图），在袅袅的香烟之中，感受香文化的独特魅力。

1981年出土于今陕西省兴平市的这件鎏金银竹节铜熏炉，通高58厘米，底径15.5厘米，通体鎏金，局部鎏银。从下而上可以分为底座、炉柄、炉身、炉盖四个部分。底座呈圈足状，上面镂雕两条昂首张口的蟠龙咬住炉柄（图4–1，见下页）。炉柄呈竹节形，共分五节，上面刻画出竹叶枝杈。炉柄上端围铸出三条蟠龙，龙身呈“S”形，龙头向上承托起炉身（图4–2，见下页）。炉身和炉盖是分别铸成的，以子母口扣合。炉身下腹部刻画出十个三角形连成一圈，每个三角形内部雕刻兽纹。上腹部装饰一圈纹饰带，浮雕四条龙，底色鎏金，龙身鎏银。龙呈张口嘶鸣状，龙首回望，身子在汹涌的波涛中若隐若现，身上的鳞片清晰可见，整体造型充满张力，栩栩如生（图4–3，见下页）。炉盖为博山形（图4–4，见下页），透雕出层峦叠嶂的山峰，并用金银加以勾勒，宛如一幅秀丽的

图4-1

图4-2

图4-3

图4-4

山水画。山峰上有若干个小孔，供香气溢出。

在炉盖口沿处刻有一圈铭文：“内者未央尚卧，金黄涂竹节熏炉一具，并重十斤十二两，四年内官造，五年十月输，第初三。”圈足外侧刻一圈铭文：“内者未央尚卧，金黄涂竹节熏炉一具，并重十一斤，四年寺工造，五年十月输，第初四。”“内者”是秦汉时期的内廷官署名，《汉官仪》中记载：“内者，主帷帐。”“尚卧”为“内者”所属，掌管主人寝卧起居。“内官”“寺工”均是汉代负责宫廷造器的官职。结合“未央”铭，可知鎏金银竹节铜熏炉为皇家所有，原为未央宫之物。两段铭文中关于熏炉的制造者、重量和制造时间的表述不尽相同，这可能是由于此物本造有多件，由“内官”和“寺工”共同负责制造，在装配时出现疏漏所致。

铜熏炉身世成谜

鎏金银竹节铜熏炉出土于陕西省兴平市汉武帝茂陵以东约两千米处的一号无名冢的一号从葬坑内。从这座墓葬的位置来看，当属茂陵的陪葬墓。在这个从葬坑内，出土了230多件器物，其中不乏鎏金银竹节铜熏炉、鎏金铜马等珍品。可想这座墓葬的主人应该是皇家眷属或朝廷重臣。同时出土的铜钟、提链铜炉等其他器物的铭文中可见“阳信家”字样，为我们考证墓葬的主人提供了重要线索。

鎏金银竹节铜熏炉的铭文中有纪年而无年号。我国古代以年号方式纪年是从汉武帝开始的。公元前140年汉武帝继位，始定年号“建元”。而据考证汉武帝建元元年（公元前140年）至元狩四年（公元前119年）年号也是后来追记的，由此看来鎏金银竹节铜熏炉的制作年代应不晚于元狩四年。满足这一年代范围并以“阳信”为号的有阳信侯刘揭、刘中意父子和汉景帝与皇后王娡的女儿、汉武帝的同胞长姐阳信公主。

那么，墓葬的主人会是阳信侯吗？据《史记》中记载：文帝初年刘揭因平定“诸吕之乱”有功，获封阳信侯。刘揭死后，由其子刘中意于汉文帝十五年（公元前165年）袭为阳信侯。汉景帝六年（公元前151年），“侯中意有罪，国除。”有学者推测，这批珍贵器物有可能最初属于功高权重的阳信侯家，后来因获罪而被查抄没收，收归国有，进而作为赏赐赠予他人。然而，这一观点仍存在一些疑问。一般来说，汉代中央王朝所属工官制作的铜器主要供皇室宫苑陵庙使用。食邑二千户的阳信侯究竟有没有资格使用“内官”“寺工”的造器呢？查抄没收的赃物有没有可能再转赐他人？获罪的罪臣当然是没有资格陪葬帝陵的，那么这批器物是如何辗转到墓葬主人手中的？墓葬主人又和“阳信”有什么关系？这些都需要进一步的考据和论证。

目前较为主流的观点认为，这座墓葬的主人是汉景帝之女、汉武帝胞姐阳信公主。阳信公主之名号见于《汉书》中“平阳侯曹寿尚武帝姊阳信长公主”以及《史记》中如淳（三国时期著名学者）注：“本阳信长公主，为平阳侯所尚，故称平阳公主。”学者们据此推测，有可能是在刘中意“国除”之后，其封地又被赐予公主，所以出现了侯与公主封号相同的情况。在阳信公主嫁与开国功臣曹参的曾孙平阳侯曹寿后，随夫改封号为平阳公主。曹寿去世后，平阳公主改嫁汝阴侯夏侯颇。然而，夏侯颇因与其父的姬妾通奸，畏罪自杀，使平阳公主再次守寡。平阳公主的第三任丈夫、大将军卫青与她有很深的渊源。卫青原本是平阳公主家的侍卫，姐姐卫子夫是平阳公主的歌女。因平阳公主的举荐，卫子夫被汉武帝宠幸并册立为皇后。而卫青凭借卫子夫的权势以及自身的努力，立下赫赫战功，被封为长平侯。由此因缘，当寡居的平阳公主考虑第三任丈夫的人选时，便不顾出身的尊卑之别，毅然嫁给了卫青。史料中记载，平阳公主与卫青死后合葬，共同陪葬茂陵。从身份上看，平阳公主既是汉武帝的姐姐，又是他的内弟之妻。从这个角度来看，这件鎏金银竹节铜熏炉极有可能是汉武帝刘彻送给平阳公主的礼物。

然而，对比《史记》和《汉书》中对平阳公主的记载，我们又发现在《史记》中记载"阳信公主"的地方仅如淳注一处。而司马迁在《史记》中通篇未提到阳信公主，只言平阳公主。平阳公主在不同阶段的称谓有"公主""长公主"的区别，这在《史记》的行文中被如实地反映出来。如此实没理由只记称谓变化而忽视封号改变，尤其是《史记•外戚世家》中"皇后长女为平阳公主，次南宫公主，次隆虑公主"的表述，更让我们对如淳注的"本阳信长公主，为平阳侯所尚，故称平阳公主"这一说法产生怀疑。《汉书》中有"平阳侯曹寿尚武帝姊阳信长公主"的表述，然而《汉书》成书于东汉，对西汉之事记载的可信度不敌《史记》，而如淳注的年代则更晚至三国时期。由此看来，汉武帝的姐姐"平阳公主"婚前的封号是否为"阳信公主"，她与"阳信家"有没有关系，仍然存疑。更何况，史料中并没有公主嫁于列侯之后要更改封号的充足证据。

事实上，目前发现的带有"阳信"铭文的器物除了陕西省兴平市汉武帝茂陵以东的一号无名冢一号丛葬坑出土的这批器物之外，还有河北省保定市满城汉墓出土的长信宫灯（图4-5，见下页）以及传世品阳信家鈚镂。这些器物所刻铭文有的字迹工整，有的却涣散不清，不像是最初铸造时所刻，有可能是器物转赠后的增补。一号无名冢的主人和"阳信家"有什么关系？种种疑团扑朔迷离，悬而未决。这也为鎏金银竹节铜熏炉的身世增添了一些神秘色彩。

历史悠久的熏香文化

在我国，熏香文化由来已久。早在上古时期，先民们在大自然中发现带有天然辛香气味的植物，便有意识地将其采集起来加以利用。人们不仅将这些香木香草制作成香囊佩戴（"扈江离与辟芷兮，纫秋兰以为佩。"——《楚辞•离骚》），还会熏烧（“熏以桂椒，缀以珠玉。”——《韩非子·外储说左上》）、沐浴（“浴兰汤兮沐芳，华采衣兮若英。”——《楚辞·九歌》）、入馔（“朝饮木兰之坠露兮，夕餐秋菊之落英。”——《楚辞·离骚》）等，并且香草还作为道德高尚和情操高洁的代名词而被歌之咏之，托之寓之。

图4-5

不仅如此，熏香在古时还具有相当重要的实际意义。由于医疗、卫生条件不发达，人们便采用佩戴香囊、熏烧香草的方式来祛病除秽。西周时期朝廷还设立专职人员来负责熏香事宜，《周礼·秋官司寇》中就有记载：“翦氏掌除蠹物，以攻禜攻之。以莽草熏之，凡庶蛊之事。”即由翦氏专门负责熏烧莽草，驱除害虫，净化空气。

图4-6

随着熏烧香草的盛行，熏香的器具也应运而生。目前所见最早的熏炉实物为上海市青浦区福泉山遗址出土的新石器时代晚期的灰陶竹节纹熏炉（图4-6）。炉身大口，斜直腹，矮圈足，外壁饰六周竹节形凸棱纹。炉盖呈笠形，在捉手四周有三孔为一单元的六组十八个小圆孔。使用时将香料盛于炉内，香气便从炉盖上的小孔中溢出。春秋战国时期铜质熏炉大量出现，其中不乏工艺精湛、制作精良者，1995年发现于陕西省宝鸡市凤翔县秦雍城遗址的凤鸟衔环铜熏炉（图4-7）便是其中代表。这件熏炉，通高约35.5厘米，重约4千克，从下至上分为覆斗形底座、八

图4-7

角形柱和椭球形炉体三部分。底座铸有镂空的老虎和人物纹饰。八角形柱内部中空，连接着底座和炉体。炉体分内外两层，外层为镂空的蟠螭纹。炉体由炉盘和炉盖两个半圆形扣合而成，炉盖的下沿四面各有一个兽首衔环装饰，顶部有一立柱，上面为一衔环的凤鸟像。

至汉代，香文化得到进一步的发展。特别是汉武帝派张骞两次出使西域，联通汉帝国与西域各国的丝绸之路；又遣使者经徐闻、合浦南下印度洋，建立与南海诸国的联系。西域与南洋盛产的乳香、沉香、苏合香、龙脑香等香料作为贸易品和朝贡品源源不断地输送进来，使得我国的香料品种丰富起来。这些外来香料多为树脂状或膏状，需放在炭火上加热才能发挥效用，这种特性极大地推动了汉代熏香器具的发展。汉代熏炉的种类非常丰富，从材质上看主要为陶制和铜质，金（鎏金）、银（鎏银）质地的熏炉为皇室专用。秦汉时期的熏炉造型多样，有豆形、篙形、鼎形、动物形等，其中最有特色、最具代表性的当属博山炉。

博山炉的文化内涵

博山炉自汉武帝时期开始流行，是由豆形熏炉演变而来的，因层叠山峦状的炉盖而得名。博山炉在豆形熏炉的基础上延伸出多种形态，有的在圈足之下增加承盘，有的在炉身两侧装饰辅首衔环，有的在炉盖顶端加钮或立鸟装饰。炉柄亦不局限于简单的柱形，出现了蟠龙含莲、立鹤踏龟、力士骑兽等各种生动奇巧的造型，充分体现出设计者的匠心独具。有些博山炉在层峦叠嶂的山峰之间还融入了草木、祥云、鸟兽、人物等图案，又以金银勾勒渲染，更加显得生机盎然、气象万千。

究竟博山炉为何会在汉晋时期流行不衰呢？我们可以结合当时的时代背景来寻找线索。汉朝经过文、景两朝“休养生息”的积累，终于在汉武帝时期一扫汉朝建立之初的积贫积弱。当时稳定的政治局面和发达的社会经济水平为思想文化的发展与繁荣奠定了坚实的基础，呈现出兼容并蓄、异彩纷呈的汉文化格局和特征。在这一背景下，博山炉应运而生。

博山炉最鲜明的图案元素是“山”。“山”在我国古代的政治语境中一直是天命、神权的象征，这源于历代帝王于高山之上举行的祭祀仪式。这种祭祀天地山川的活动表面上看是出于对自然的敬畏，其实际目的是借助上天的意志，使君权的合法性、合理性得到认可。统治者通过这种方式昭告天下、顺言正名，彰显帝王贤明、歌颂功绩，以此教化人心、巩固统治。《管子》《史记》中均记载了上古七十二王封泰山之事。尽管这可能只是关于古人对山的原始崇拜的一种想象性追忆，但也反映出自古以来山与统治者之间的密切关系。

在这些封禅典礼中，熏炉很可能是不可或缺的礼仪用器。实际上，焚香祝祷一直都是古代祭祀礼仪中的重要环节。《周礼•春官》中记载："以禋祀祀昊天上帝，以实柴祀日月星辰，以槱燎祀司中、司命、飌师、雨师。""禋祀""实柴""槱燎"都是通过熏烧香草的方式与神灵沟通。

不可忽视的是，"山"的意象与秦汉时期十分流行的神仙方术之说也有着密切的关系。在人的寿命普遍不长的古代社会，人们希望通过自身修行和服食丹药达到长生不死、羽化升仙的境地。当时普遍认为，在东海之上有蓬莱、方丈、瀛洲三座仙山，是神仙居住的地方，隐藏着永生不死的秘密。秦始皇曾派遣方士徐福带领数千童男童女前往东海仙山寻求不死仙药。汉武帝笃信神怪之说，身边聚集的方士不计其数。汉武帝在他们的蛊惑之下，还亲自去往东莱山拜会"仙人"。上有所好，下必甚焉。由于汉武帝对神仙思想的推崇，使得从皇室贵族到黎民百姓均对神仙世界充满了兴趣和向往。博山图案便是当时人们观念中仙山、仙境的生动体现。人们将这种图案元素巧妙地运用在熏炉的造型设计当中，袅袅升腾的香烟仿佛海面上升腾起的雾气，博山形的熏炉在青烟的掩映下更显瑰丽神秘，给人以无限遐想。故而，博山炉在汉晋时期的盛行不衰和备受青睐也就不难理解了。

考察博山炉出现的渊源，能发现它有着深厚的皇家背景。博山炉最初是由汉代工官生产并专供皇室或王公贵胄使用的，还常被用作赏赐和礼物，是身份地位的标志。从考古资料来看，目前所发现的精美的铜质博山炉基本上都出土于高等级贵族墓葬之中。可以说，博山炉的兴起正是源于统治阶级的推行，是皇家意志的体现。由此看来，在汉武帝构建"大一统"政治格局的背景之下，寓意皇权至上、君权神授，彰显天子功业、盛世太平的博山图案被融入具有礼器性质的熏炉当中，其中的象征意义和教化作用是显而易见的。

此外，博山炉的造型也体现了汉朝流行于民间的朴素、祥瑞的观念。除山的图案元素以外，一些植物如嘉禾、嘉莲、灵芝，以及动物如天鹿、凤凰、朱雀、玄武等图案也被融入博山炉的设计当中。这不仅是艺术审美的需求，更是人们对于美好生活的向往。

以鎏金银竹节铜熏炉为代表的博山炉将中国传统的熏香文化推向了新的高峰。它不仅是汉代精湛的工艺技艺和独特的审美情趣的完美体现，更是汉代皇权意识和神仙思想的生动再现，堪称汉代思想文化艺术的结晶与典范。

【参考文献】

[1] 孙机. 汉代物质文化资料图说[M]. 上海：上海古籍出版社，2008.

[2] 秦进才，张玉. 由“长信宫”灯铭文说“阳信家”铜器的最初所有者问题[J]. 文物春秋，2005(4)：23–30.

[3] 景宏伟，王周应. 凤翔发现战国凤鸟衔环铜熏炉[J]. 文博，1996(1)：57.

[4] 咸阳地区文管会，茂陵博物馆. 陕西茂陵一号无名冢一号丛葬坑的发掘[J]. 文物，1982(9)：1–17.

[5] 秦进才. “阳信家”铜器铭文考订[J]. 文物，1984(9)：88–89.

[6] 徐正考. 汉代铜器铭文综合研究[M]. 北京：作家出版社，2007.

[7] 负安志. 谈“阳信家”铜器[J]. 文物，1982(9)：18–20.

[8] 丰州. 汉茂陵“阳信家”铜器所有者的问题[J]. 文物，1983(6)：62–65.

[9] 李光军，王丕忠. “阳信家”铜器铭文补释[J]. 人文杂志，1984(3)：98–101.

[10] 刘芳. 两汉思想艺术发展之奇葩——博山炉[J]. 文物鉴定与鉴赏，2012(10)：73–77.

伍

第五章 草原之魂——金怪兽

金怪兽

金怪兽

第五章

草原之魂
——金怪兽

纳林高兔的宝藏

1957年，在陕西省北部榆林市神木县纳林高兔村发现了一座墓葬，墓葬中出土了一批令人惊叹的艺术品。其中一些为制作精美、惟妙惟肖的动物形象。

银虎（图5-1），长约11厘米，宽约2.4厘米，高约7厘米。大而圆的虎头低垂侧转，头颅突出躯干之外，为圆雕。虎眼圆睁，扇形小耳竖贴脑际，口微张，下颌与左爪掌指相连。四肢健硕，前后交叉作行走状，爪趾发达，排列整齐。通体以凸条纹摹仿老虎身上的斑驳条纹，虎尾略残，上有小孔。通过这些小孔推断，这件银虎应当是钉缀于皮革上的饰物。

图5-1

银卧鹿（图5–2），这两只银卧鹿大小相当，通长约9.8厘米，通高约6.5厘米，体态轻盈匀称，鹿体中空，均为四肢蜷曲作伏卧姿，昂首前视，椭圆眼睛，大耳竖立。

银盘羊扣饰（图5–3），长约4.7厘米，高约2.2厘米。扣面上伏卧卷曲的羊，头翻转压在身上，大角弯曲，角饰凸线纹，短尾，躯体隆起呈圆泡形。边缘为一组三瓣花形饰，背有横钮。

图5–2

图5–3

刺猬形铜冒（图5–4，见下页），高约9.5厘米。铜冒头为刺猬形，下面柱形中空是用来插竹木质的柄的。这只刺猬嘴尖耳短，低头缩颈，四肢瘦小，身体弓起呈球形趴卧，好像受到攻击一样，全身的刺都竖立起来。这件器物应该是安装在木质长杆头部的装饰物。

虎、鹿、羊、刺猬，这些都是草原上常见的动物，而墓葬中的这些动物好像组成了一个微观的草原世界。这“草原”的主宰者就应该是“金怪兽”。

金怪兽（图5–5，见下页），高11.5厘米，长11厘米，重160克。为鹰嘴兽身偶蹄，大耳环眼，眼珠凸出，头生双角如鹿，双角内弯向侧后展开。每角分四叉，叉端又各有一个怪兽头像，也为立耳环眼鸟喙，脖颈屈曲虬结，前后相连构成兽角的主干。怪兽前肢挺直前倾，后肢跨前，弯颈低头作角抵状。其尾上卷成环形。身躯及四肢上部满饰凸云纹，颈及胸部以细线条刻画成鬃毛，双角及钩喙饰凸棱纹。整个怪兽立于四瓣花形托座上，其角、尾与托座系分铸焊接而成。托座正中凸起呈覆斗形，周边花瓣上各有三个小圆孔。根据底盘上的这些小孔，学者们推测这件金怪兽是帽上的冠饰。这件黄金制成的怪兽集合了多种动物的特征，它身体似羊、嘴似鹰、角似鹿、尾似蝎，造型奇特，工艺考究，足见当时工匠们的睿智巧思和精湛做工。

图5-4

图5-5

匈奴王者的遗珍

这件精美的金怪兽冠饰，它的拥有者是谁呢？因为纳林高兔村的墓葬发现时代早，没有经过科学的发掘，所以对这座墓葬的时代与族属的判断只能通过以下几个方面进行。

考古发现比对　1972年，内蒙古自治区伊克昭盟杭锦旗阿鲁柴登村一处被流沙破坏的墓葬中出土了一批非常重要的金银器，如鹰形金冠饰（图5-6，见下页）、银刺猬（图5-7，见下页）、金虎等。墓葬发掘者根据现场调查，判断这批金银器来自于匈奴某个部族王者的墓葬，时代为战国时期。

1979年，内蒙古自治区伊克昭盟准格尔旗西沟畔发现一处匈奴墓葬，其中保存较好的二号墓出土了包括金耳坠、铜鹿、铁剑、直立怪兽纹金饰片（图5-8）等文物，时代为战国晚期，秦统一之前。

通过这些考古发现可以进行比对，陕西省纳林高兔村墓葬与内蒙古自治区阿鲁柴登村、西沟畔等地墓葬所处的时代与文化面貌有很强的一致性。因此可以说它们的族属与所处时代也应该一致。纳林高兔村出土的金怪兽，应当是战国时期匈奴人的遗物。

图5-6

地理因素 纳林高兔村在今陕西省榆林市神木县以西约70千米处，东北距红碱淖约40千米，南距长城约40千米，属大保当镇。从地理位置上说，这里地处鄂尔多斯高原的南缘，是毛乌素沙漠向陕北高原的过渡地带。纳林高兔村是毛乌素沙漠边缘的湿地之一。战国晚期，鄂尔多斯高原是以畜牧为主、追逐水草而居住的匈奴人生活驰骋的地方，而贯穿神木县的秦长城，就是秦昭襄王为了防御匈奴的入侵而修筑的。在战国晚期纳林高兔村所在的神木县地区很可能就是匈奴人的一个聚居地。

图5-7

图5-8

文献支持 《史记•匈奴列传》中对匈奴人的葬俗有这样的记载："其送死，有棺椁金银衣裘，而无封树丧服"，是指匈奴人的墓葬有棺椁，喜欢使用金银器随葬，但是没有中原汉人树立墓冢以示纪念的习俗。这与纳林高兔村、阿鲁柴登村等地发现的匈奴墓葬情况完全一致。地表没有任何标志物，且墓葬埋藏很浅，往往距地表不足一米。纳林高兔村与阿鲁柴登村等地的墓葬都是因为大风吹走了覆盖的沙土才导致墓葬被发现的。

遗物线索　纳林高兔村墓葬中，还出土了一件银错金剑柄（图5-9）。这件剑柄出土时已经弯曲，残长约14厘米，最宽处约6.3厘米。银质错金，环首，扁平茎，剑格为两羊头相背联结，羊长眼，撑鼻，联耳呈椭圆形装饰。羊头颈部皱褶和联耳错金，剑茎饰十一道突棱，亦错金，环首一周饰对虫纹，两两相对联结，其圆头原来似有镶嵌，嵌物脱失后成浅圆槽。铁制剑身已锈蚀不存。由孔格残断可以看出剑身较厚，中间起脊，断面呈菱形。剑茎包纳的铁柄亦锈蚀，致茎心中空，铁屑残留在空心两侧的茎柱凹槽内。从这把残存的剑柄可以看出，这座墓葬的主人应该是一位等级非常高的匈奴武士，很可能就是某个匈奴部族的王者。

图5-9

宗教信仰　匈奴人崇信的宗教属于以“万物有灵”理论为基础的原始萨满教。以日常生活中常见的各种动物或者以各种动物身上的某些特征为元素想象出的神兽就成了匈奴人崇拜的图腾。金怪兽正是融合鹰、羊、鹿等众多动物特征的一种令人敬畏而充满神秘色彩的神兽。把金怪兽的形象做成冠戴在头上，一方面应该是希望获得某种神秘力量的护佑，另一方面也可能是需要与王者身份匹配的饰品，匈奴王者很可能是用金怪兽来代表至高无上的身份。

搅动东西方文明的匈奴

匈奴是我国北方草原历史上第一个建立起强大国家的游牧民族。在战国至东汉时期，他们曾驰骋在辽阔的欧亚草原上，对中国古代历史以及中亚史、欧洲史都产生过广泛的影响。

匈奴的主体人群是由北亚蒙古人种构成，与我国北方草原地区的诸戎狄（古时候华夏族对生活在西北地区少数民族的统称）在活动地域上有明显区别。匈奴大约于春秋晚期由今天的蒙古国南下至内蒙古自治区长城地带后日渐壮大起来，并为中原史籍所记录。中国古代史籍中最早出现“匈奴”名称是在公元前4世纪末。从文献记载来看，匈奴当时主要活动在蒙古高原大沙漠以南地区，基本统一了北方草原，形成了地域广阔、部族众多的奴隶制游牧国家，并给处于战国时期的北方各国都带来了巨大的威胁，秦、赵、燕三国不得不北筑长城与之对抗。秦统一六国后对匈奴开展了一系列征伐，夺取河套地区并连接原有的秦、赵、燕三国长城，使匈奴退往漠北，暂时缓解了匈奴的威胁。但秦末农民起义，中原一片混战。匈奴在冒顿单于的统治下复兴，攻取河套并进入长城以南，成为悬在新生大汉王朝头顶的一把利剑。在汉高祖“白登之围”后相当长的一段时间内，汉王朝都不得不采取“和亲”政策以解匈奴之威胁。

从世界历史与文化的发展来看，匈奴崛起的重大意义是令人惊讶的。它促成了欧亚大陆两次文化大交融。第一次是匈奴刚刚兴起时。他们向西驱逐了本来居于敦煌、祁连山一带的大月氏人。大月氏人再向西驱逐白色人种，最终在中亚立足并建立了由大月氏后裔统治的贵霜王朝。此外，匈奴的强大迫使大汉王朝向西域探索寻求支援，这才有了张骞“凿空西域”和丝绸之路的正式开通。第二次是在匈奴与东汉王朝战争的不断失败与自身内部斗争剧烈的双重打击下，匈奴被迫西迁。一个在东方战场失败的族群，仍能以风卷残云之势横扫中亚、西亚与东欧，建立了一个领土东起里海，西至莱茵河，南跨多瑙河，北抵丹麦，兼跨欧亚大陆而统治中心位于欧洲匈牙利草原的大帝国。匈奴的西迁迫使日耳曼诸种族在其兵锋之下连续向西溃退，而日耳曼人的大迁移，又与疾病、政治腐败等原因一起导致了西罗马帝国的覆亡。这个昔日辉煌的帝国覆灭使得西欧日耳曼系、斯拉夫系诸民族国家由此建立，欧洲自此进入长达一千年的中世纪。

在匈奴最初崛起的时候，由于游牧民族特有的流动性以及生产的单一性，让他们与农耕文明具有一定的互补性，于是匈奴就不断地南下掠夺生产资料。在匈奴与中原王朝的激烈战斗中，谁能控制丝绸之路贸易通道，谁就能获得物资补给，因此控制丝绸之路也就显得格外重要了。

在汉王朝政治文化影响进入西域之前，匈奴是丝绸之路从今新疆天山到河西走廊一段的霸主，曾经控制着楼兰、乌孙等二十六国。《汉书·西域传上》记载："匈奴西边日逐王置僮仆都尉，使领西域""赋税诸国，取富给焉"。通过对西域商贸的控制取得收益，是当时匈奴的经济政策。为了控制西域诸国，匈奴不仅与汉王朝在军力上不断角力，还与汉王朝一样通过开展"和亲"促进与西域诸国的关系。

丝绸之路对于匈奴的价值至少包括物资、战略、贸易三个方面。西域物产丰富，可以为匈奴对汉作战提供大量的物资与装备。匈奴的游牧经济具有不稳定性，在气候适宜、疾病不生的年份，其收益稳定、生活富足，但是在气候异常或牲畜出现疫情的年份则会出现人畜的大量死亡。西域诸国农牧结合的经济不仅可以为匈奴补充牲畜，还可以为他们提供游牧经济无法生产的粮食等物资。西域广袤的土地则为其在对汉战争中提供了巨大的战略回旋空间。而贸易方面，匈奴从西域诸国所征收的课税中包括各种西域的珍奇物产，这些除了供自己消费之外，剩余的部分大多被匈奴通过关市和走私贸易售卖给汉朝以牟取暴利。

因此可以说，匈奴对亚洲北部草原的统一与经营，客观上促进了东西方物质与文化交流的发展，并促使了丝绸之路的正式开通。匈奴文化也是丝绸之路文化的重要组成部分。当我们看到金怪兽时，仿佛还能看到头戴金冠，身着鹿皮衣，腰悬银错金剑，骑着白马的匈奴王者正带领着他的军队如疾风一般掠过草原。

【参考文献】

[1] 冀东山. 神韵与辉煌——陕西历史博物馆国宝鉴赏：金银器卷[M]. 西安：三秦出版社，2006.

[2] 戴应新，孙嘉祥. 陕西神木县出土匈奴文物[J]. 文物，1983（12）：23–30.

[3] 田广金，郭素新. 内蒙古阿鲁柴登发现的匈奴遗物[J]. 考古，1980（4）：333–368.

[4] 伊克昭盟文物工作站，内蒙古文物工作队. 西沟畔匈奴墓[J]. 文物，1980（7）：1–10.

[5] 翟晓兰. 匈奴帝国建立前后的文化分布与传播[J]. 文博，2009（1）：39–41.

[6] 王子今. 匈奴控制背景下的西域商贸[J].社会科学，2013（2）：124–132.

[7] 秦铁柱. 论西域对匈奴的战略价值[J]. 河套学院学报，2013，32（1）：24–27.

[8] 陕西省神木县文物管理委员会办公室.神木瑰宝[M]. 西安：陕西旅游出版社，2006.

[9] 鄂尔多斯博物馆. 鄂尔多斯青铜器[M]. 北京：文物出版社，2006.

第六章 盛唐时期的胡部『新声』

——三彩骆驼载乐俑

三彩骆驼载乐俑

第六章

盛唐时期的胡部“新声”
——三彩骆驼载乐俑

匠心独运的三彩骆驼载乐俑

在万籁俱寂的大漠中，一阵清脆的驼铃声冲破了戈壁滩的沉静。远处一匹匹雄伟健硕、满载货物的骆驼正迈着稳重的步伐，默默地跋涉在丝绸之路上……很难想象，如果没有这些“沙漠之舟”，人们如何能够使长达七千多千米、贯通亚欧的丝绸之路延续两千年之久。

唐代丝绸之路通达，国际贸易繁盛。在广袤大漠中，耐饥耐旱、温顺易驯的骆驼是往来商旅主要的驮载工具和运输工具。唐代艺术家和工匠们将当时人们对骆驼的喜爱之情融入创作中，由此便诞生了数量众多、造型各异的骆驼俑。珍藏在陕西历史博物馆中的三彩骆驼载乐俑（见上页插图），便是这其中的精品，也是陕西历史博物馆馆藏十八件（组）国宝中的唯一一件三彩器物。

您看，这匹骆驼体格雄健，昂首卷舌呈嘶鸣状，驼身施白釉，颈部、前腿和尾部涂赭黄釉。骆驼背上铺着一条蓝色椭圆形毯子，两个驼峰上还架有一个深绿色的平台，平台上又铺着一条色彩艳丽的菱形方格毯。毯子自然地垂在驼身两侧，毯边微微上扬，似在迎风飘动，让我们似乎能感觉到那柔软的质地。最令人惊叹的是，在这个平台上竟然或坐或站地聚集了八个人（图6-1）。其中七名男乐手面向外紧挨着坐成一圈，他们头包软巾，身穿圆领窄袖袍，手里分别拿着不同的乐器，各自的动作和神情也不尽相同。只见他们一人捧笙、一人吹箫、一人吹笛、一人怀抱琵琶、一人手拿箜篌、一人正打拍板、一人欲吹排箫，个个眉目清晰、神情专注。在七名男乐手的中间娉婷而立着一名女子，她面颊圆润，体态丰盈，身着白底蓝花长裙，头微微上扬，右手举到胸前，左臂长袖舒展，似乎正随着节拍翩然起舞，婉转而歌。

图6-1

在现实中，一匹骆驼是无法承载八个人的重量的。可是当我们面对这件精美绝伦的艺术品时，会觉得它是那样的协调自然，没有一丝拥挤之感。这是因为工匠们巧妙地将艺术夸张和实际生活完美地结合在一起，将现实中的舞台搬到了这小小的方寸之上，真是匠心独具。

这尊三彩骆驼载乐俑出土于陕西省西安市中堡村唐墓。1959年6月，村民在施工时发现了一座墓葬，陕西省文物管理会的考古工作人员随即对其进行了清理。虽然墓顶的一部分已经损毁，但墓内的大部分器物保存得比较完整。考古人员共清理出三彩陶俑、三彩罐、建筑模型等各类器物七十余件。其中三彩陶俑的种类丰富，造型生动，最具特色，仕女俑（如图6-2的三彩女立俑，见下页）鬟发垂髻，黛眉朱唇，长裙曳地，仪态优雅；天王俑（如图6-3的三彩天王俑，见下页）身着铠甲，脚踏小鬼，怒目圆睁，威武恐怖；马俑（如图6-4的三彩马佣，见下页）鞍鞯俱全，装饰华丽；动物俑生动活泼，姿态各异。中堡村唐墓虽然没有出土任何文字资料，墓葬的具体年代和墓主身份也不得而知，但从这些精美的唐三彩随葬品中，我们可以感受到盛唐时期贵族阶级的精致生活。

图6-2

图6-3

图6-4

与这尊三彩骆驼载乐俑异曲同工的还有1957年出土于陕西省西安市西郊鲜于庭诲墓，现藏于中国国家博物馆的骑驼乐舞三彩俑（图6-5）。这匹骆驼昂首挺立，背上铺着一条彩色条纹方毯，方毯四周的深绿色穗状边饰根根分明。两个驼峰之间架着一个平台，上面驮载五个男子。中间一个胡人一手抬至胸前，一手甩于身侧，正在载歌载舞；其余四人围坐四周，正在演奏乐器。四名乐手中有一名为高鼻深目浓髯的胡人形象，他身着深蓝色翻领胡服，一条腿盘于身前，另一条腿自然垂下，正在悠然自得地弹拨琵琶。其余三名乐手手中的乐器均已残碎不见，但从其演奏的姿势推测，应该是一人吹筚篥，两人击鼓。工匠在塑造这尊骑驼乐舞三彩俑时，特意夸大了骆驼的比例而缩小了人的比例，使得整体造型优美和谐，生动活泼。

图6-5

骆驼是唐三彩中除马以外最常见的动物造型之一。在古丝绸之路上骆驼是商队主要的交通工具，大量的三彩骆驼俑正是人们对丝绸之路重要性的讴歌。

绚丽多姿的唐三彩

三彩骆驼载乐俑是唐三彩中的经典之作。唐三彩是中国陶瓷发展史上最为浓墨重彩的一笔，它是在汉代低温铅釉陶的基础上发展而来的，在烧制工艺、器物造型方面都有很大改进和突破。受唐代厚葬之风影响，唐三彩成为当时最重要的随葬品之一，其种类不仅有碗、盘等生活用品，连牲畜驼马、仪卫伎乐、家宅庭院，甚至天王、镇墓兽也被制成明器随葬于墓中。可以说，唐三彩是唐代社会生活的真实缩影，也是唐代人别具一格的审美情趣和开放进取的创新精神的生动体现。

唐三彩的制作要经过选料、制胚、素烧、上釉、复烧、开相等复杂工序。唐三彩用料讲究，需精选上等陶土或高岭土，去除杂质，并反复搅拌、沉淀，淘洗出颗粒细致的土料。再根据需要，采用轮制、模制、捏塑等方法，制成各种胚胎。待陶胎阴置晾干之后放入窑中，在1000℃~1100℃的高温下素烧；陶胎出窑冷却之后在表面施以釉料，入窑在约900℃的环境下进行二次烧制。人物俑在烧成之后还要经过开相的工序，即在不着釉的面部施以彩绘，用朱红点唇，用墨色绘出眉毛、眼睛、髭须和头发。这种装饰手法可以细致入微地描绘人物形象，并根据人物的身份特点做不同的处理，使陶俑具有鲜明的个性色彩。

唐三彩以其釉色绚丽丰富而著称，其中黄、赭、绿三色最为常见，故而得名。唐三彩的釉料中含有铁、铜、铬、钴、锰等元素，它们在高温下发生氧化反应，呈现出黄、红、绿、蓝、白、赭、紫、黑等不同颜色。同时，釉料中的铅元素增强了釉料的流动性，因此在烧成后就会产生各种釉色互相浸润、浓淡相间、斑驳淋漓的独特效果。唐三彩是唐代工匠在总结前代釉陶烧造经验的基础上，吸收借鉴业已成熟的瓷器烧制技术，创造出的独具特色的陶瓷品种。工匠们对窑温的精确掌握，使得胎和釉的膨胀率均一，胎釉结合紧密，少有釉层剥落的现象，与前代釉陶相比有质的飞跃。唐三彩的突破之处还在于，工匠们熟知并巧妙运用矿物中金属氧化物的性能和呈色机理，并综合运用点彩、留白、贴金等装饰技法，使唐三彩呈现出绚丽多彩、浑然天成的艺术效果。

唐三彩是唐代工艺技术和艺术水平的集中体现。它的魅力并没有因时光流转、王朝更迭而消逝。在唐朝结束之后，三彩器仍呈现出强大的生命力，一直沿用数百年。宋三彩在继承唐三彩工艺的基础上，又有新的突破。受到宋代瓷器烧制技术的影响，宋三彩对陶胎的选料加工更为精细，第一次素烧的温度较高，使得部分三彩器的胎已经瓷化，较之唐三彩质地更加坚硬，吸水率也更低。在器物种类上，宋三彩的生活气息更浓，器形以瓶、罐、碗、盘、枕等实用器为主，唐代流行的天王、镇墓兽等形象已不多见。在装饰风格上，宋三彩一改唐三彩的浓艳热烈，将彩釉和彩绘相结合，并重视不同釉色之间的协调搭配，给人清新素雅之感（图6–6为陕西历史博物馆馆藏宋三彩孩儿荷叶枕）。

图6–6

三彩器的影响也扩散至同一时期的北方地区。在很多辽代墓葬中都能见到三彩器的身影。辽三彩的特色在于，它的很多器形是仿照契丹民族传统的木质、皮质器物而制的，如三彩鸡冠壶、凤首壶、方盘（图6–7为陕西历史博物馆馆藏辽三彩印花方盘）等，非常具有民族特色。在女真族终结辽、北宋政权之后，北方的陶瓷制造业得以恢复和发展。当时河北定窑、河南钧窑、陕西耀州窑均烧制三彩器。金三彩的制作普遍较为精细，釉彩鲜亮，填色工整，颇具唐三彩神韵（图6–8为陕西历史博物馆馆藏金三彩孩儿枕）。

图6–7

图6–8

元代之后三彩器逐渐式微，但其烧制工艺、装饰技法对后世的法华器（始于金代，盛于明代的一种以蓝、绿、黄、紫、白等釉色为基调的低温彩釉陶瓷器）和素三彩（始于明代的一种瓷器，在高温烧成的素瓷胎上上釉二次烧制，工艺与唐三彩类似。因釉色中无红色，故称“素”）的烧制工艺有着深远的影响。

在唐代，色彩艳丽、形象生动的三彩器不仅获得了上至宫廷贵族、下至市井百姓的广泛喜爱，还受到了世界各地人民的普遍欢迎。唐三彩成为唐代国际贸易和外交礼赠的重要组成部分，成为大唐王朝对外交往的文化名片。

朝鲜半岛多处都曾出土过唐五代时期的三彩器，其中不乏精品。韩国国立中央博物馆收藏有一件三彩高足盖盒，釉色斑驳淋漓，极具唐风神韵。新罗还在本土绿釉陶的基础上，仿照唐三彩烧制出新罗三彩，成为唐三彩在邻邦的姊妹花。日本全境的都城、官衙、寺院、村落、坟墓、祭祀遗址中出土过唐三彩的有50多处。来唐访问、学习的遣唐使、遣唐僧们不仅带回了精美的唐三彩，还将三彩器的烧制技术一并带回日本。以此为基础，日本成功烧制出釉色和造型都酷似唐三彩的器物，称为奈良三彩。

唐三彩不仅对周边国家产生了很大的影响，它的踪迹在更远的西亚、北非和地中海地区也有发现。在唐王朝日渐衰落的公元8世纪末，唐三彩沿海上丝绸之路抵达遥远的西亚，在异国他乡焕发出新的魅力。伊拉克萨马拉是阿拉伯阿拔斯王朝的首都，从20世纪初开始，这里就陆续出土了大量的中国陶瓷，其中不少是三彩器。阿拉伯人在传统波斯式彩釉陶的基础上，借鉴唐三彩的烧制工艺，融合伊斯兰风格的装饰图案，烧制出别具一格的波斯三彩，在公元9世纪至公元11世纪风行一时。

埃及地处亚洲和非洲的交汇地带，是东西方贸易的重要交通枢纽，也是中国外销瓷最重要的输出地之一。开罗福斯塔特遗址曾发现两万多件来自中国的陶瓷片，其中就有唐三彩三足钵、辽三彩凤首瓶等。

东西文化交融的大唐盛景

唐三彩何以具有如此强大的魅力，能博得世界各地不同文化背景、不同宗教信仰、不同风俗习惯的人们的一致钟爱？究其原因，与唐代兼容并蓄、多元荟萃的时代气象是分不开的。三彩器无论是在题材、器形还是纹饰方面，很多留有异域文化的影子。唐三彩的人物俑中，异族的形象数不胜数，其中既有来自西域的胡人，也有来自南亚、东南亚地区的褐肤鬈发人，更有来自非洲的黑人（图6-9、图6-10、图6-11、图6-12分别为珍藏于陕西历史博物馆的三彩袒胸胡人俑、彩绘黑人俑、三彩昆仑奴和彩绘胡人文吏俑）。据《通典•边防典》记载：当时世界上与唐朝交往的国家、政权和部族多达两百余个。据推算，在天宝年间，长安城中居民超过一百万人，而这其中非汉族人口就有五万之众，占长安城人口总量的5%。生活在长安城中的外国人，上可入朝为官，下为艺伎仆从，与大唐子民无异，都为大唐的经济发展和文化繁荣做出了贡献。

数以万计的外国人在长安生活，使得长安成为名副其实的国际化大都市。他们在学习吸收唐文化的同时，也带来了世界各地的物产、文化、宗教、习俗、科技等，影响着唐朝人的物质生活与精神世界。开元、天宝年间胡风盛行，外来文化引领时代风尚。上自皇室贵族，下至市井百姓，他们吃胡食，饮胡酒，穿胡服，画胡妆，赏胡乐，异域元素渗透至社会生活的方方面面。唐都长安出现了“胡音胡骑与胡妆，五十年来竞纷泊”的恢宏场面。

三彩骆驼载乐俑中，乐手们演奏的乐器很多具有异域风格。其中一名男乐手弹奏的箜篌形似弯弓，小巧玲珑，便于随身携带。这种竖式演奏的小箜篌与我国

图6-9

图6-10

图6-11

图6-12

传统的卧箜篌不同，是东汉时期由波斯传入我国。另一位乐手弹奏的琵琶是唐代最流行的乐器之一。唐代的琵琶在融合了中国传统的秦汉琵琶及波斯曲颈琵琶特点的基础上进行了改良，更加便于弹奏。

当时的音乐和舞蹈广泛吸收域外元素。唐太宗编制的《十部乐》中，来自域外的乐舞就占到了六部，即《天竺乐》《龟兹乐》《安国乐》《疏勒乐》《康国乐》和《高昌乐》。而《西凉乐》虽然不是直接来自西域，但也受到了《龟兹乐》的影响，具有鲜明的西域风格。这些盛唐时期的“胡部新声”沿着漫漫丝路纷至沓来，为中华文化注入了新鲜血液，书写出了中国文化艺术史上辉煌壮丽的篇章。

往事越千年，让我们闭目遐想。朝霞中，一支浩浩荡荡的驼队，正行进在丝路花雨的旅途上。今天，当我们静静凝视这件三彩骆驼载乐俑时，它所折射出的唐代乐舞艺术，所反映出的盛世繁华气象，所代表的文化交流成就，仿佛让我们听到了那个伟大时代的最强音。这声音穿越了时空，久久地回荡在历史长河之中。

【参考文献】

[1] 陕西省文物管理委员会. 西安西郊中堡村唐墓清理简报[J]. 考古，1960(3)：34-38.

[2] 阎存良. 古陶珍宝唐三彩[M]. 天津：百花文艺出版社，2005.

[3] 马得志，张正龄. 西安郊区三个唐墓的发掘简报[J]. 考古通讯，1958(01)：42-52.

[4] 祁渠. 丝绸之路的主要线路(下)[J]. 丝绸之路，1993(3)：56-58.

[5] 赵荣. 人文陕西[M]. 西安：陕西旅游出版社，2010.

[6] 楢崎彰一. 日本出土的唐三彩[J]. 中原文物，1999(3)：43-53.

[7] 秦大树. 埃及福斯塔特遗址中发现的中国陶瓷[J]. 海交史研究，1995(1)：79-91.

[8] 梁勉. 从唐墓壁画中的竖箜篌谈中西音乐文化交流[J]. 文博，2008(5)：15-18.

[9] 叶文，耿占军. 论西域乐舞对唐代长安乐舞艺术的影响[J]. 西安交通大学学报：社会科学版，2013，33(5)：87-93.

柒

第七章 交融与变奏的文明乐章

——镶金兽首玛瑙杯

镶金兽首玛瑙杯

第七章

交融与变奏的文明乐章
——镶金兽首玛瑙杯

丝绸之路究竟为中华文明带来了什么？这是一个充满魅力的课题。对于我们来说，它带来的改变早已融入了我们生活的方方面面。当我们穿行于今天西安的街头，时常会听到那些高鼻深目的维吾尔族人招徕生意的叫卖声，浓郁的口音好像不断地提示我们，他们的先祖就曾是循着丝绸之路来到长安城的；当我们为陕西琳琅满目、花样繁多的面食而食指大动时，同样应该感谢丝绸之路，因为它们很多都是从西域的胡食演变而来。今天的西安，古时的长安，作为古丝绸之路的起点，那些来自异域的文明遗迹更是不胜枚举，从好奇到流行再到本土化，没有哪个地方能比这里更清楚地看到这一文化交融的轨迹了。

有这么一件瑰宝，它能让我们深切地感受到因丝绸之路贯通，文化交融碰撞而绽放出的动人心魄的魅力，它就是唐代镶金兽首玛瑙杯（见上页插图）。

遗宝出土　震惊世界

关于镶金兽首玛瑙杯的故事，还要从20世纪的70年代说起。1970年10月5日，在陕西省西安市何家村一个基建工地上（今陕西省西安市南郊黄雁村水文巷2号），工人们挖地基时，在距地表大约0.8米处，挖出一个高65厘米、腹径60厘米的陶瓮。打开盖子一看，发现里面竟然装满了金杯银碗等器具。不久又发现，在陶瓮的西侧还有一个高36厘米、腹径26厘米的银罐（图7–1），里面也装满了金银等多种器物，镶金兽首玛瑙杯就在其中。这一情况立即被报告给了当时的陕西省博物馆，陕西省博物馆随即派考古人员前往调查、清理。

经调查得知，陶瓮和银罐均埋藏在活土中，从出土文物看，部分器物不能成套，这说明周围很可能还埋藏有文物，于是考古工作者决定由此向四周进行探查。几天后，在第一个陶瓮被发现处北侧约1米的地方，探铲在探查时传出了一声清脆的金属撞击声。当兴奋的考古工作者用手铲清理掉周围的活土后，第二个陶瓮也显露出来（图7–2为先后出土的两个储物陶瓮）。声响是探铲将陶瓮钻了个洞而直接打到里面的银碗上发出的。

这件陶瓮的顶部距地表约1.3米，其形状、大小均与第一个出土陶瓮基本相同，只是上面盖着一个银渣块（银渣块最大直径约40厘米、最大厚度约3厘米，呈不规则形状）。打开盖着的银渣块一看，里面满满一瓮各式器物。为了确保安全，考古工作者迅速将陶瓮移至室内进行清点。据当时第一个打开盖子进行清理的戴应新先生回忆，瓮口是一块方玉，方玉下面摞着银碗、银盘、金盆、金筐宝钿团花纹金杯、盛放着带銙（古人用于皮带上的装饰物，材质有金、银、铜、

图7–1

图7–2

玉、玛瑙等）与药物的银盒和鎏金鹦鹉纹提梁银罐等器物，琳琅满目，令人惊叹不已。后来将这些文物运至陕西省博物馆内进行清点、登记，两瓮一罐共出土文物1000余件，按种类可分为金银器皿271件，银铤8件，银饼22件，银板60件，金、银、铜钱币466枚，玛瑙器3件，琉璃器1件，水晶器1件，白玉九环蹀躞带（一种腰带）1副，玉带板9副，玉镯2副，金饰品13件。另有金箔、麸金、玉材、宝石及朱砂、石英、琥珀、石乳等药物。图7–3、图7–4、图7–5、图7–6分别为出土的金"开元通宝"钱币、玛瑙长杯、宝石和白玉狮纹带板。何家村窖藏的发现震惊了中外考古界，它被誉为自1949年新中国成立半个多世纪以来一次空前的考古大发现，还被列为"20世纪中国重大考古发现"之一。

图7–3

图7–4

图7–5

图7–6

窖藏之谜　仍待探究

何家村窖藏文物件件精美，学术价值极高。那么何家村窖藏的主人到底是谁呢？据唐代《通典·礼典》中记载的"敕文武官三品以上，金玉带，四品，金带……"可以得知，唐代三品以上官员才可以佩戴玉带，所以何家村窖藏同时出土的10副玉带不得不让人在震惊的同时去猜想谁可以同时拥有这么多玉带。另外，何家村窖藏的文物丰富多样，光钱币就达39种，包括了从春秋战国时期到唐天宝年间的货币，甚至还有外国货币（图7-7为出土的两枚日本元明天皇铸造的“和同开珎”银币），涉及地域跨度数千千米，时代跨度达一千多年，这恐怕也不是一个普通收藏家能够收集的吧？并且窖藏中出土的鎏金折枝花纹银盖碗（图7-8），其上的“进”字表明，该窖藏中有进奉的物品。另外，窖藏中部分带刻字的银饼和银铤上有“庸调”“朝”等字样（图7-9为刻有“庸调”字样的银饼）。租庸调制是唐代实行的赋税制度，以征收谷物、布匹或者为政府服役为主。每丁每年要向国家交纳粟二石，称作租；交纳绢二丈、绵三两或布二丈五尺、麻三斤，称作调；服徭役二十天，闰年加二日，是为正役，国家若不需要其服役，则每丁可按每天交纳绢三尺或布三尺七寸五分的标准，交足二十天的数额以代役，称作庸。《唐六典》中记载：“左藏有东库、西库、朝堂库。”“朝”字即表示由中央铸造为国家库藏“左藏”所属的朝堂库之物。“庸调”“朝”这些字样表明这些文物是国库所藏之物。

图7-7

图7-8

图7-9

何家村窖藏的出土地点位于唐代长安城内皇城南门附近的兴化坊。图7–10为唐长安城复原示意图。图7–11为兴化坊复原示意图（见下页）。兴化坊位于长安朱

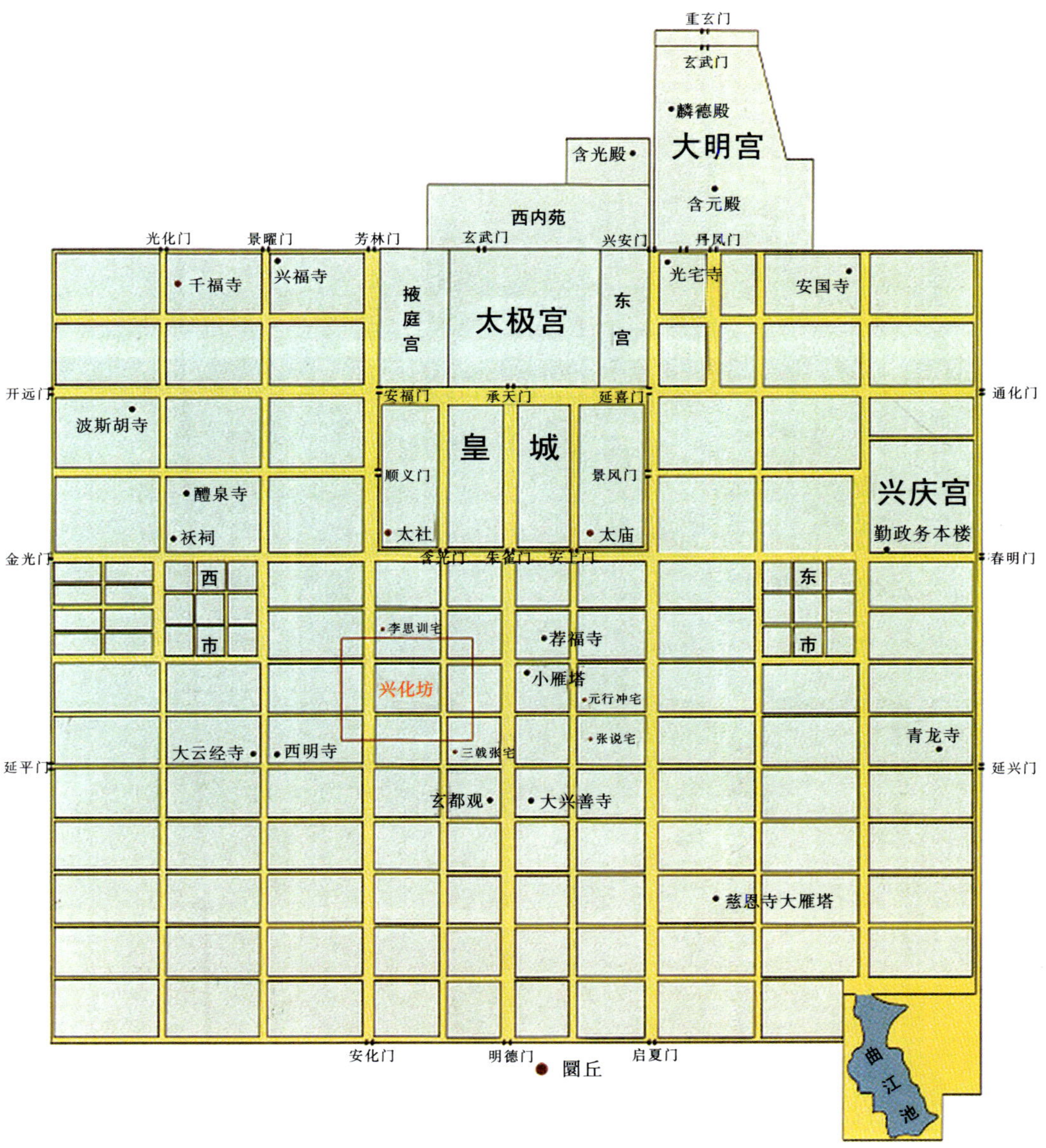

图7–10

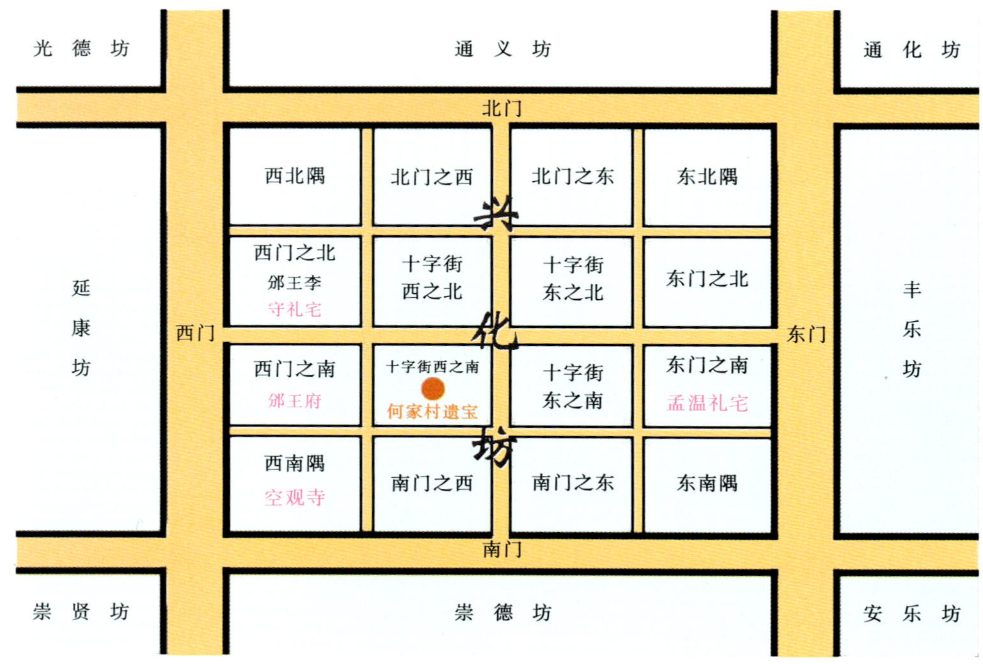

图7–11

雀门街西第二列第三坊，往北过两坊即皇城、东面隔一坊为朱雀大街，西北跨一坊即是西市。在盛唐之际，这一带曾经是皇家贵戚和高官贵族居住的黄金地带。

有考古专家根据唐代《两京新记》和清代《唐两京城坊考》中的记载对在兴化坊中居住过的人物进行推测，初期认为窖藏出土地属于唐章怀太子李贤之子邠王李守礼的府第。推测何家村窖藏可能是“安史之乱”时李守礼随唐玄宗出逃时埋下的。但是也有考古学家认为按照《旧唐书》记载，早在“安史之乱”前十五年李守礼已经去世，其王府也已不存在。而且他荒淫无度，生活上挥霍负债，不大可能拥有并保存大量财宝，更何况何家村窖藏中有些器物的时代明显要晚于李守礼生活的时期。后来，又有考古工作者对兴化坊的大致范围进行了进一步研究，确定何家村窖藏的出土地点在邠王府东边，而不是在邠王府内，并且何家村窖藏中几件金银器上装饰着阔叶大花的纹样，根据考古类型学研究分析，依照花纹排比得知，这种纹样是公元8世纪中期以后才流行起来的，因此将埋藏年代定在德宗时期（公元779年至805年）。但也有考古专家认为埋藏时间为建中四年（公元783年）泾原兵变时，地点为租庸使（主持国家税政的官职）刘震宅中，而物品则是刘震管理的庸调银及官府财宝。

何家村窖藏的发现距今已经四十多年了，自从这些珍宝重见天日以来，就一直吸引着世人的眼球。

关于何家村窖藏的埋藏年代及主人身份，经过多年研究，虽然还不能完全确定，但是我们可以认为何家村窖藏应是由中尚署（官署机构名称，掌管宫内营造杂作之事）管理的皇家财物。

兽首玛瑙　妙思精湛

何家村窖藏中出土的镶金兽首玛瑙杯（图7–12），专家推测为一件酒具，高6.5厘米，长15.6厘米，口径5.6厘米。该杯为俏色玛瑙质地，材质纹理细腻，由红、棕、白三色相杂，层次分明，浓淡相宜，晶莹鲜润。工匠巧妙地运用玛瑙天然的颜色和自然纹理将杯体雕刻成兽角的形状。竖直的一端雕成杯口，口沿外有两条圆凸弦纹，光滑流畅，粗细间隔恰到好处。稍平直的另一端，雕凿成生动可爱的似牛头形兽首，兽首圆瞪的双眼，炯炯有神。似牛头形兽首上下的肌肉，仅用寥寥数刀，就刻画得十分逼真。兽首上一对羚羊角呈螺旋状弯曲与杯身连接。两只硕大的兽耳，微微内收。兽嘴上镶嵌的金塞，为玛瑙增加了明快的色彩，显得富丽堂皇。

图7–12

这件镶金兽首玛瑙杯一经出土便引起了国家文物部门的高度重视。2002年1月18日，国家文物局印发了《首批禁止出国（境）展览文物目录》，规定64件（组）一级文物为首批禁止出国（境）展览文物。这其中就有镶金兽首玛瑙杯，足见这件文物的珍贵。

在我国汉代以前的文献中将玛瑙称为赤玉等。玛瑙一词来源于佛经，自佛教传入我国后，赤玉等名称也逐渐被玛瑙所替代。玉器的制作和使用在中国由来已久，早在距今有七千多年历史的新乐遗址（位于辽宁省沈阳市）中就有碧玉、玛瑙等小型雕刻玉器，可见玛瑙的使用历史也很久远。起初人们只把玛瑙制成装饰品，倍受宠爱，而玛瑙容器的出现却很晚，从目前掌握的考古资料来看，最早出现的玉容器是河南省安阳市殷墟遗址妇好墓出土的商代青玉簋，而玛瑙容器在已出土的唐代以前的文物中还没有被发现，这除了因为玛瑙材质少见大料之外，也与玛瑙制作工艺的复杂有一定的关系。

玛瑙质地为半透明或微透明，有玻璃光泽，色彩丰富，品种很多，因此有“千样玛瑙”之说。常见的多为红色，其他还有蓝、绿、黑花、紫、灰、白等色。由于其有天然的纹理，玛瑙器物一般都无纹饰，所以我们无法从其装饰纹样来分析它的工艺特征，只能从器物造型和加工中残留的痕迹来观察分析它的工艺特征，从中也可大致看出它的琢玉工具。玛瑙坚硬耐磨，琢治难度比一般的玉要大得多，但制作过程是一样的，大体有选料、开料、琢治和抛光四个步骤。

第一是选料。首先要判断是否为真玛瑙，古人对玛瑙的辨认是根据玛瑙的颜色、质地包括手感来判定的，经验是很重要的因素之一。另外，据文献记载也有用火烧等方法来鉴别的。第二是开料。先将玛瑙胚切割成大型，然后根据需要再次切割，或琢成圆雕，或琢成容器。开料工具应是片状的锯，切割时仍需加水和金刚砂。第三是琢治成完整的器形。砣具、管钻和桯钻等仍是唐代时主要的琢玉工具。有些器物成型的工艺比较复杂，如镶金兽首玛瑙杯，要经过多次钻孔切割才能成大型，羚羊角为镂空的圆雕并接在杯口，其制作必然要经过多种工艺才能完成，杯腔空间要经过多次钻孔才能将其掏空。最后一道工序是抛光，就是用兽皮或木竹片对器体进行多次打磨，直至达到光洁细腻的效果。

传世珍品　融汇中西

我国自原始社会就已开始使用玛瑙，玛瑙大多作为小件饰品或串饰，材料多为本国所产。如镶金兽首玛瑙杯这样大件的玛瑙制品实属罕见，材料来源很可能是贡品。

唐代丝绸之路通达，大唐王朝对多元文化的宽容态度使得各国间交往频繁。据统计，南亚、中亚和西亚派的众多国家遣使团来唐朝贡就达三百余次，每个使团少则数人，多则可达百余人。而这些使团往往携带了各国最具地方特色的物产，诸如动物、矿产、歌舞伎等，这其中就有玛瑙。《旧唐书·波斯传》有载：“四月，遣使献玛瑙床。”

镶金兽首玛瑙杯除了材质有可能由丝绸之路传入，它的造型更是深受西方文化影响。如果从外形比较而忽略实用性，我国与之最相似的器物便是角杯（图7–13为广东省广州市西汉南越王墓出土的汉代玉角杯）。考古发现中角杯虽然不多，却从石器时代以来都可以见到，是利用或仿造动物的角类而制作的容器，使用时是从上面的口部饮用。而镶金兽首玛瑙杯如果是用来饮酒的器物，酒会从其下端的孔，即镶金塞处（图7–14，见下页）注入饮用者口中。毫无疑问，这不是中国传统的饮用方式。因此，

图7–13

图7–14

可以看出角杯虽与镶金兽首玛瑙杯的造型酷似，但其用法却相差甚远。较多的学者都倾向于镶金兽首玛瑙杯的器物造型同于西方的“来通”。所谓来通是在器物底端有孔，液体可自孔中流泻出，其材质、形制多种多样，较多的样式是角杯形。来通早在波斯阿契美尼德王朝（又称波斯第一帝国，存在于公元前549年至公元前330年）时期已经出现，在公元7世纪之前的西亚与中亚地区一直流行，主要用在礼仪和祭祀活动中。在位于土库曼斯坦阿什哈巴德西郊的尼萨古城遗址曾发现了几十件公元前2世纪制作的象牙来通，巴尔干半岛的色雷斯也出土过极为精美的金银来通。这些来通的造型雍容华贵，底部是羊首、马首、牛首、狮首及其他兽首，有的腹部雕饰着神话人物和动物，有的边缘镶有彩色玻璃、宝石或黄金。

镶金兽首玛瑙杯精心雕琢的兽首，双眼圆睁，眼球外凸，耳朵后抿，头上雕出两只弯曲的兽角，角尖接在杯口外侧，角上碾出凹槽。用如此写实的手法做出安详典雅、逼真传神的兽首在中国几乎没有。镶金兽首玛瑙杯的形态与从南北朝至隋唐时期人们的艺术品位实在相距太远，然而在萨珊（公元3世纪初至公元

651年古代波斯帝国的一个王朝）、粟特（中亚古国和民族名。位于今中亚塔吉克斯坦与乌兹别克斯坦境内）的石刻、银器、织物中有很多类似的形态。从一般逻辑上看，学习模仿一种事物，较早时期容易与原型接近，以后创新成分会逐渐增多，越来越与原型分离。何家村出土的镶金兽首玛瑙杯是很纯粹的来通，其产地目前尚在讨论，或认为是来自西方，或认为是出自唐人工匠的仿造，即便是仿造其年代也应该较早或是有西方工匠的参与。

虽然镶金兽首玛瑙杯的材质、造型与使用方式都具备典型的西方文化特色，但从它使用的意义上看，却又有本土化的内涵。来通在西方作为向神进奉的酒具，其使用多为礼仪与祭祀场合。但在唐朝，镶金兽首玛瑙杯的使用显然欠缺这方面的意义。这一点我们可以把它还原到整个何家村窖藏中来认识。何家村窖藏内容丰富，出土物品等级极高，但是除了发现的“小金龙”可能与唐代祭祀山水的仪式有关，其他没有任何能与祭祀、礼仪挂钩的器物，大量的出土物品则是贵族使用或把玩的奢侈品。这件镶金兽首玛瑙杯根据学者们的研究，认为是被唐人作为一种充满意趣的酒具来使用的。这样它的使用意义就与西方的来通完全不同了。总之，镶金兽首玛瑙杯应是一件融合了中西文化的珍贵实物。

镶金兽首玛瑙杯作为何家村窖藏出土的最具异域特色的珍贵文物之一，显示出唐朝开放包容、从不盲目抗拒外来事物的文化特质，这是一种基于实力的自信，既是对此前中国历史上出现的各种文化的整合统一，又是对各种各样外来文明的兼容并蓄。丝绸之路好像一条血管，源源不断地将来自西方的文明输入中国，这些文明血液中的因子，在广阔的中华大地上生根发芽、交融成长，才有了悠久历史长河中灿若繁星的中华文明。镶金兽首玛瑙杯上所体现的也正是这幅交融与变奏的文明长卷中最激动人心的一章。

【参考文献】

[1] 陕西历史博物馆，北京大学考古文博学院，北京大学震旦古代文明研究中心. 花舞大唐春——何家村遗宝精粹[M]. 北京：文物出版社，2003.

[2] 程旭. 朝贡•贸易•战争•礼物——何家村唐代金银器再解读[J]. 文博，2011(1)：42-48.

[3] 董洁. 浅析唐代玛瑙器皿[J]. 文博，2010(5)：71-74.

[4] 张春阳，张波. 唐王朝时期儒家文化的特质及其向周边国家的传播——兼论儒家文化在当代世界的适应性问题[J]. 西安电子科技大学学报:社会科学版，2007，17(6)：150-155.

[5] 翟晓兰. 天子脚下的秘密宝藏——西安唐代“何家村遗宝”之谜[J]. 大自然探索，2009(9)：66-71.

第八章

唐代金银器工艺的典范

——鸳鸯莲瓣纹金碗

鸳鸯莲瓣纹金碗

第八章

唐代金银器工艺的典范
——鸳鸯莲瓣纹金碗

唐朝是我国历史上最繁盛的封建王朝，政治、经济、文化空前繁荣，社会富足丰裕，人们安居乐业。这一时期丝绸之路沿线的各王朝和部族相对稳定并对唐朝充满敬畏，这就使得丝绸之路在很长一段时间内安全畅通。随着外来文化和物种的不断传入，唐朝人的生活也在悄然之中发生了变化。这其中原本流行于西方的金银器皿，在融合了东西方文化的精髓后展现出兼容并蓄的盛唐气象。

盛放莲花　华美精湛

出土于陕西省西安市何家村唐代窖藏的鸳鸯莲瓣纹金碗（见上页插图）造型规整、纹饰凹凸有致，犹如一朵盛开的金莲花。鸳鸯莲瓣纹金碗出土共两件，大小、造型、纹饰基本相同，高约5.6厘米，口径约13.5厘米。金碗外壁有上下两层相间的浮雕式莲瓣纹，每层十瓣。上层的每个莲瓣中都以狐、兔、獐、鹿、鸳鸯和大雁等动物作为主题纹饰（图8-1为以兔和大雁为主题纹饰的外壁上层莲瓣，见下页），周围则填以形态各异的花草。主题纹饰中的动物或奔走，或伫立，或展翅飞翔，或衔弄花草，或梳理羽毛，无论动态还是静态，每幅画面都栩栩如生。

下层每个莲瓣内则为相同的忍冬（别称金银花）纹（图8-2），用平和、恬静的气氛来烘托上层动物的生机勃勃。外壁空白处装饰有密密麻麻的鱼子纹，是多子多福的寓意。

金碗内底部錾刻了一朵蔷薇式的团花（图8-3），外底喇叭形圈足底沿上卷，饰一圈连珠纹，圈足内錾刻了一只回首展翅的鸳鸯（图8-4，见下页），鸳鸯从古至今在人们的生活中一直都被视作爱情和幸福的象征。唐诗中用鸳鸯比喻男女情爱的诗句更是屡见不鲜。如李郢的《为妻作生日寄意》中有："鸳鸯交颈期千岁，琴瑟谐和愿百年。"和卢照邻的《长安古意》中也有："愿作鸳鸯不羡仙，比目鸳鸯真可羡。"的诗句。鸳鸯与莲花同时被刻画在一件器物上，巧妙地反映出鸳鸯所处的环境，同时也寓意着夫妻和好、永结同心。

在唐代的金银器皿中，碗的数量比较大，种类也多，不过大多数为银质，金碗很少，最有名的就是这两只鸳鸯莲瓣纹金碗。在现代人的眼中，碗都是用来盛放食物的，可是在唐代，金碗却有别的用处，那就是盛酒。据《唐摭言》记载：唐文宗在赏赐大臣美酒时"命赐酒二盘，每盘

图8-1

图8-2

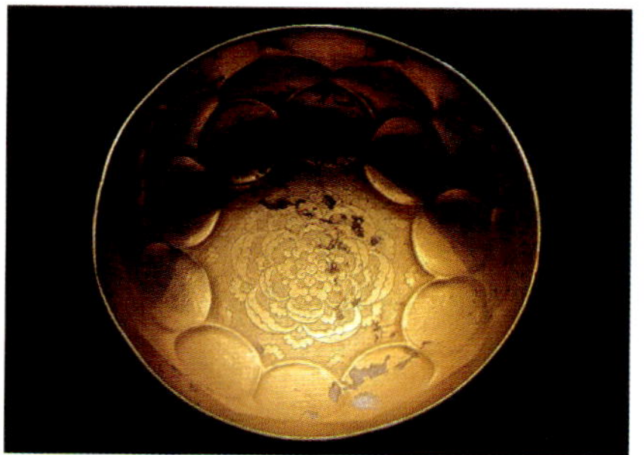

图8-3

贮十金碗，每碗各容一升许，宣令并碗赐之”。这是唐代皇家用金碗盛酒的历史记载。通过这个记载，有学者认为这两只鸳鸯莲瓣纹金碗也应该是酒具。

图8–4

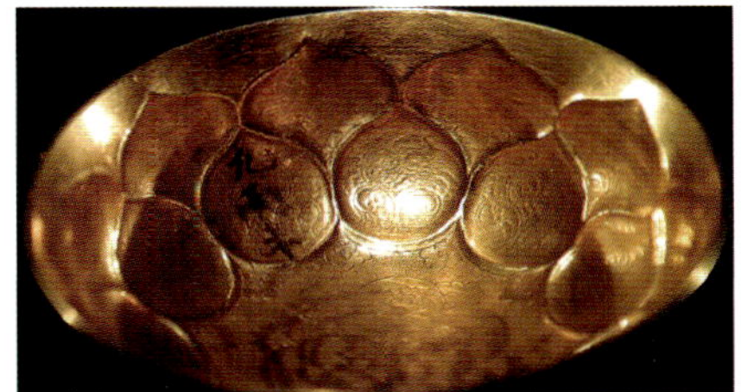

图8–5

何家村出土的这两件金碗内壁还分别墨书“九两半”（图8–5）“九两三”。何家村窖藏共出土带有墨书文字的器物69件，墨书内容主要有两种：一种是记录存放物品的名称；另一种是记录存放物品的重量或是器物的自身重量。这些均是唐代金银器在使用管理中留下的痕迹。根据唐代出土的银铤、银饼、银板上的錾文标重和实测重量可以推断得知，唐代一两为今天的40克~43克。专家曾用天平对两只金碗的重量进行了实测，均重391克。因此推测唐代在金银器的管理上应该有更为精确的衡制。

中西交汇　金银典范

中国在唐代以前，金银器大多作为饰件等非器皿类物件使用。从魏晋至隋，金银器皿才开始在上层社会中逐渐流行，但当时的金银器皿主要是从国外传入的。可以说，中国并没有使用金银器皿的传统。相反，西方尤其是中亚一带盛行使用金银器皿。唐代由于丝绸之路的畅通，中外经济文化交流空前繁荣，使原本流行于西方的金银器皿成了唐代人追逐的对象。据不完全统计，考古发现的唐代以前的金银器皿总共不过几十件，而唐代则不然，目前已发现的唐代金银器皿已达千余件，其数量之多，制作之精美，足以代表唐代金银器皿制作的最高水平。“谁能载酒开金盏，唤取佳人舞绣筵”“弦吟玉柱品，酒透金杯热”等唐诗充分反映了金银器皿在唐代流行的情况和唐代宫廷贵族的奢华生活。

图8–6

金银器不仅在上层贵族的日常生活中不可或缺，同时也是皇帝安抚、奖励臣子时的赏赐，因此金银器在当时的政治生活中发挥着特殊而重要的作用。除此之外，地方官吏为得到皇帝的宠信，也纷纷向皇帝进奉金银器。如陕西省西安市北郊出土的裴肃进双凤纹大银盘（图8–6），银盘上就有“浙东道团练观察处置等使大中大夫上柱国赐紫金鱼袋臣裴肃进”的錾文。在唐代对外交往中，金银器也发挥着重要的作用。唐王朝经常以金银器作为礼品馈赠周边的少数民族。金银器被大量用于赏赐、进奉也促进了唐代金银器制造业的发展。

实际上，唐代皇室贵族对金银器皿的狂热追求还与古代中国人追求的长生之术有关。方士们推崇“金银为食器可得不死”。使用金银饮食器皿可以延年益寿的观念十分流行，使得帝王非常喜好，所以上行下效，逐渐成为一种风气。据《唐律疏议》记载：“器物者，一品以下，食器不得用纯金、纯玉。”对使用纯金食器做出明确的规定，使得使用金银器皿成为人们等级身份的象征。但目前考古发现的金银器皿有不少出土于一品以下官员的墓葬或遗址中，说明唐代的有关规定，并没有得到真正的执行。可见法定制度并不能真正限制人们对金银器皿的追求。再加之，由于冶金技术的进步，使唐代金银产量有了很大的增加，于是唐代金银器皿的制造业便迅速兴盛起来。

金银器皿的制造在唐代拥有很高水平，工艺也极其复杂精致，已广泛使用浇铸、捶揲、焊接、抛光、镂空、镶嵌、鎏金、錾刻等工艺。这两只鸳鸯莲瓣纹金碗为捶揲成型，纹饰全部是用手工一点点地錾刻出来的，圈足和碗体是焊接而成的。

捶揲工艺在中国古代就有，但金银器捶揲工艺却主要来自西方。捶揲是西方金银器成型的主要工艺，在汉代传入中国，在唐代运用达到极致。捶揲工艺是利用金银质地柔软的特点，将金银片衬以软物或置于模具上捶击成型，可以是器形，也可以是图案。金银器上凸起的花纹图案，有时与器形一次捶击成型，有时需要多次捶击。从模具中打制出的器物毛坯要经过剪边、磨棱、打光等工序才能进入錾刻阶段。錾刻就是用小锤击打各种大小不同，形式各异的錾子，在器物表面上錾刻出各种花纹图案，以达到装饰效果。

金碗捶出的双层莲瓣是凸瓣装饰的一种，凸瓣装饰在粟特的银器中极为常见。粟特银器的凸瓣装饰在公元5世纪和公元6世纪时期还具有分瓣多而细密的普遍特点，这应该是受到希腊装饰风格影响的结果。公元7世纪和公元8世纪，一些粟特银碗上的凸瓣变成接近莲瓣形状，这种莲瓣状的装饰被公元8世纪唐代金银器皿的加工者普遍效仿。然而与同时期粟特银碗上的凸瓣装饰相比较，粟特的凸起非常明显，甚至影响到了器物的造型，而唐代金银器的凸瓣仅仅是纹样的设计，有的成为分割装饰区域的手法，因此也显得平贴，鸳鸯莲瓣纹金碗就是这样。制作工匠在吸收西方金银器工艺特点的同时还改变了西方过于夸张的造型，让器物的线条变得更加柔和流畅，符合东方人的审美。

唐代宫廷的金银器融合了东西方风格，这和当时的时代背景是分不开的，唐朝的都城长安城是一个国际化大都市，各国使者、商人云集。丝绸之路使得东西方交往更加密切，大量工艺精美的西方金银器传入中国，尤其是许多粟特工匠进入中原地区影响了唐代金银器加工工艺的发展。

粟特人是生活在中亚阿姆河和锡尔河一带的古老民族。他们的居住地处于丝绸之路的干线上。早在公元4世纪，粟特人就通过丝绸之路频繁往来于中亚和中国之间从事贸易活动。他们从中国购买丝绸运往中亚出售，又从中亚购买体积小、价值高的玉石、玛瑙、珍珠等销往中国。粟特人经商的足迹遍及欧亚内陆，他们在进行贸易活动的同时也传递着东西方文化。在唐朝境内居住着许多粟特人，他们已经融入了当时的社会。

唐朝与粟特保持着密切的往来，西方国家和唐朝的经济文化交流许多都是通过粟特人进行的。粟特人不但善于经商，而且制作金银器的水平也很高，粟特工匠制作的金银器成为唐代皇室贵族们争相购买的物品。《资治通鉴》里记载：自唐玄宗天宝年间以来滞留在都城长安的胡人其中也包括粟特人，生活费用全部由政府外事部门负责供给，成为朝廷的一大负担。后来大臣李泌想出了一个办法，下令有关部门统计长安城里的胡人，指给他们两条出路，一是归国，以减少政府的支出；二是愿意留下的就要纳入唐朝的属籍成为唐朝的百姓，再安排工作为国家效力。那些不愿离去的粟特工匠就被分入了中央金银作坊院（唐代设立的专为皇室打造金银器的部门）为大唐效力。大批能工巧匠的汇集，使唐代金银器的制作水平有了很大的提高。

唐代开放包容的政治环境和空前畅通的丝绸之路，造就了对外交流的繁荣，形成了在继承中华民族优秀历史遗产的同时又对各种外来文化兼容并蓄的盛唐气象。唐代金银器则可以说是这种盛唐气象的具体表现。其中既有直接从域外传来的输入品，也有中国工匠制作的仿制品，但更多的是中西合璧的产品。正如鸳鸯莲瓣纹金碗是大唐文化与中亚手工技艺完美结合的艺术品。它精湛的工艺，华丽的纹饰以及雍容华贵的气度，让我们感受到了大唐盛世的开放和包容。

【参考文献】

[1] 谭前学. 富丽堂皇　中西合璧(上)——唐代金银器巡礼[J]. 荣宝斋,2010(9):28-37.

[2] 申秦雁. 精美绝伦的金银器[M]. 西安:陕西人民出版社,2006.

[3] 谭前学,尹夏清. 大唐奇珍——陕西出土的唐代金银器[J]. 收藏,2010(6):144-149.

[4] 陕西历史博物馆，北京大学考古文博学院，北京大学震旦古代文明研究中心. 花舞大唐春——何家村遗宝精粹[M]. 北京:文物出版社,2003.

[5] 谭前学. 盛世遗珍——唐代金银器巡礼[M]. 西安:三秦出版社,2003.

[6] 乾生. 唐代金银器与唐代社会生活[J]. 华夏文化,1995(6):36-38.

第九章

能言之鸟

——鎏金鹦鹉纹提梁银罐

鎏金鹦鹉纹提梁银罐

第九章

能言之鸟

——鎏金鹦鹉纹提梁银罐

20世纪70年代在陕西省西安市何家村唐代窖藏出土的大量举世闻名的文物中，不得不提的还有鎏金鹦鹉纹提梁银罐（见上页插图）。

这件银罐通高24.1厘米，口径12厘米，底径14.4厘米，重1879克，采用捶揲、浇铸、切削、抛光、錾刻、鎏金、焊接等工艺制成。整个银罐，由罐身、提梁和罐盖三部分组成（图9-1）。罐身从外观上看由外撇的口部，粗短的颈部，圆润的肩部，圆鼓的腹部，以及罐肩上两个葫芦形附耳和底部焊接上的喇叭形圈足组成。附耳中插有可以自由活动的提梁。罐盖是一个覆扣着的银碗。

图9-1

专家推断这件造型浑圆硕大，纹饰雍容华贵的银罐在当时应属皇家使用的器物。在章怀太子墓壁画中就有宫女提着和这件银罐造型一样的器物（图9–2）。在鎏金鹦鹉纹提梁银罐的盖子内有唐代人墨书“紫英五十两”“白英十二两”的题记（图9–3）。紫英即紫石英，白英即白石英，在唐代它们都是用来制作道家丹药“五石散”或“三石更生散”的主要原料。这也从一个侧面说明这个罐子曾经被用来储存药物。

图9–2

图9–3

花团锦簇绕鹦哥

鎏金鹦鹉纹提梁银罐鎏金的纹饰格外华丽。罐盖心上錾刻着一朵宝相花，四周装饰有葡萄、石榴和忍冬纹（图9–4，见下页）。罐颈部装饰着海棠花纹。提梁上则装饰着菱形图案。银罐腹部主体纹饰采取了单元式的构图，均匀分为四个单元。以展翅欲飞的鹦鹉为中心，四周装点着大朵的折枝团花，形成一个圆形图案，装饰于罐腹部的两面；以鸳鸯为中心，四周饰以折枝花，形成的圆形图案，装饰于罐腹部的另外两面。折枝团花间的鹦鹉勾喙抬首、振翅翘尾，纤细的羽毛清晰可见，形象逼真，栩栩如生（图9–5，见下页）。鸳鸯则有很强的艺术性，头部写实，嘴衔折枝花，胸、腹、尾分别由三片折枝阔叶相连而成，表示胸部和腹部的折枝阔叶下有鸟足，两翅也由折枝叶表示（图9–6，见下页）。折枝团花与鹦鹉和鸳鸯浑然融为一体，构成了一幅生机盎然的画面。每个构图单元间，用单株的折枝花间隔。足部纹饰与颈部相同为海棠花纹。此外，整个器物上纹饰之外的空白处，均用鱼子纹填充。

图9-4

图9-5

图9-6

这件银罐通体构图显得枝繁叶茂，生机勃勃，给人以昂扬向上的感觉。用于装饰的折枝花纹样均为阔叶大花，枝叶肥厚繁茂，这些都是公元8世纪中叶以后比较流行的构图与装饰方式。这也正好与鹦鹉纹在唐代开始流行的时代相符。目前所见的以鹦鹉纹为装饰的唐代器物种类众多，包括金银器、铜镜、漆木器、瓷器以及丝织品等，这些器物的年代主要集中于公元8世纪中叶以后的中晚唐时期。

能言慧鸟何处来

鹦鹉主要生活在亚热带、热带地区，其种类非常繁多，但是原产于我国的鹦鹉品种仅发现六七种。鹦鹉是能言之鸟，在古代被称作“神鸟”，它与华夏大地的先民们很早就结下了不解之缘。1996年河南省安阳市殷墟遗址的一座墓葬中就曾出土一件现藏于中国社会科学院考古研究所的商代玉鹦鹉（图9-7）。这件玉鹦鹉长9.7厘米，呈直立状，头上有大而华丽的冠，双翼收紧，身上以双阴线勾勒出羽毛的纹样，足部有穿孔，应该是穿系佩带的。这是目前考古发掘到的鹦鹉形象中较早的一件文物。这件玉鹦鹉造型准确，雕刻华丽而略带夸张，说明当时的工匠对鹦鹉的形象已经有了清楚的认识。

图9-7

自古以来，历史文献上不乏有关鹦鹉来源的记载。成书于战国时期的辞书《尔雅》中云:“鹦鹉，能言之鸟，其状似鸮……陇右（泛指陇山以西的地区）及南中（今云南、贵州和四川西南部）皆有之。然南中鹦鹉小于陇右，飞则千百为群。”东汉末年祢衡的《鹦鹉赋》中也言：“惟西域之灵鸟兮，挺自然之奇姿。体金精之妙质兮，合火德之明辉。性辩慧而能言兮，才聪明以识机……命虞人于陇坻，诏伯益于流沙。跨昆仑而播弋，冠云霓而张罗……”正如祢衡所言，这种来自“西域”的灵鸟主要出产自陇山广袤的原始森林之中。因此才有“命虞人于陇坻，诏伯益于流沙”的说法，即由君王下诏命令陇坻的百姓寻访进献鹦鹉。陇山又名“大陇山”“六盘山”“鹿盘山”“鹿攀山”等，地处今天宁夏和甘肃南部、陕西西部以北的三角地带，是陕北黄土高原和陇西黄土高原的界山，也是渭河与泾河的分水岭，山高林密，曲折险峻。因此在陇山中捕捉鹦鹉十分不易，不仅劳民伤财，时常还因山路险阻、猛兽横行而多伤人命。

六朝（三国的吴、东晋，南朝的宋、齐、梁、陈）时，由于海事逐渐发达，也渐渐有由水路从林邑（古国名，位于中南半岛东部）、天竺（古印度别称）等国运送而来的鹦鹉。

至唐代，贵族酷爱饲养鹦鹉，因此史书中关于进贡鹦鹉的记载也颇多，主要可以分为“土供”与“洋供”两种。

土供，即唐朝管辖州县出产的鹦鹉，被作为地方特产进贡中央。土供有“西来”与“南来”两种。西来的产地主要还是陇山。唐诗中有很多关于陇西鹦鹉的描述。如诗人来鹄曾有诗《鹦鹉》：“色白还应及雪衣，嘴红毛绿语仍奇。年年锁在金笼里，何似陇山闲处飞。”诗人王建《宫词一百首》云：“鹦鹉谁教转舌关，内人手里养来奸。语多更觉承恩泽，数对君王忆陇山。”白居易也有：“陇西鹦鹉到江东，养及经年嘴渐红”的诗句。另外，文献中也有少量记载岭南献鹦鹉的，如《明皇杂录》载：“开元中，岭南献白鹦鹉，养之宫中。”

此外，由于丝绸之路的畅通，唐朝的国际影响不断扩大，林邑、天竺等国也经常向唐朝进献鹦鹉，即为洋供。《旧唐书》卷一九七《林邑国传》载：“（贞观）五年，又献五色鹦鹉，太宗异之……又献白鹦鹉，精识辨惠，善于应答……自此朝贡不绝。”《册府元龟》载：“二月，陀洹国献白鹦鹉……并五色鹦鹉。”《旧唐书·玄宗上》载：“南天竺国遣使献五色鹦鹉。”《旧唐书·宪宗下》载：“丙寅，诃陵国遣使献僧祇僮及五色鹦鹉、频伽鸟并异香名宝。”

最惹怜爱“雪衣娘”

据《明皇杂录》载：“开元中，岭南献白鹦鹉，养之宫中，岁久，颇聪慧，洞晓言词。上及贵妃皆呼雪衣娘。性既驯扰，常纵其饮啄飞鸣，然亦不离屏帏间。上令以近代词臣诗篇授之，数遍便可讽诵。上每与贵妃及诸王博戏，上稍不胜，左右呼雪衣娘，必飞入局中鼓舞，以乱其行列，或啄嫔御及诸王手，使不能争道。忽一日，飞上贵妃镜台，语曰：‘雪衣娘昨夜梦为鸷鸟所搏，将尽于此乎？’上使贵妃授以《多心经》，记诵颇精熟，日夜不息，若惧祸难，有所禳者。上与贵妃出于别殿，贵妃置雪衣娘于步辇竿上，与之同去。既至，上命从官校猎于殿下，鹦鹉方戏于殿上，忽有鹰搏之而毙。上与贵妃叹息久之，遂命瘗于苑中，为立冢，呼为鹦鹉冢。”这段描写活灵活现地为我们再现了一个通晓人性、聪慧无比、惹人怜爱的灵鸟形象，能洞悉言词，背诵诗篇，能为君王解困局尴尬，更能了悟自己命运。其中虽然神话夸张，但这样一个灵鸟的形象却从此留在了艺术的长河中。

1994年，内蒙古自治区赤峰市宝山发现两座辽代墓葬，在二号墓中发现了极为精美的壁画。其中最让人震撼的是墓室内北壁的一整幅记有“天赞二年”（公元923年）题记的壁画。许多研究者将其称为《杨贵妃教鹦鹉图》也称《颂经图》（图9–8，见下页）。壁画右上角有题记：“雪衣丹觜（嘴）陇山禽，每受宫闱指教深；不向人前出凡语，声声皆是念经音。”这段题记以七言绝句的形式说明了壁画中所绘的场景与《明皇杂录》中记载的杨贵妃调教鹦鹉雪衣娘的故事基本一致。

壁画中共有两男五女，周围太湖石、棕榈、修竹、垂柳等相互掩映。画面中心，一位盛妆贵妇端坐椅上，其余两男四女围绕着贵妇左右侍立。贵妇面容丰润，眉清目秀，头梳云鬟，鬟上插扁梳，佩金钗，身着红色抹胸，蓝色长裙，外

图9-8

罩宽袖长袍，端坐于高背椅上。面前放置一个红框蓝面条案，案上展开一轴经卷。贵妇左手持拂尘，右手轻按经卷，俯首专心吟诵（图9-9，见下页）。案上右侧经卷旁，正立着一只红嘴白羽的鹦鹉（图9-10，见下页），仿佛正在专心受贵妇教诲记诵经文。

宝山二号辽墓是目前发现的时代最早的辽代壁画墓之一，其壁画中无论故事内容、人物装束、陈设乃至绘画技法与审美情趣都极具汉族文化特点。根据成书于北宋宣和二年（公元1120年）的《宣和画谱》卷五记载，唐玄宗时期著名的画家张萱就曾创作过《写太真教鹦鹉图》。张萱为唐玄宗开元年间人，其供奉内廷绘画的时间正是杨玉环册封贵妃之时，因此可知杨贵妃教鹦鹉雪衣娘的故事应是真实可信的，而且《写太真教鹦鹉图》很有可能正是张萱受唐玄宗之命将这一场景绘制下来而得。此后略晚于张萱的唐代著名画家周昉也曾画过类似题材。据《宣和画谱》卷六记载：周昉曾绘《妃子教鹦鹉图》以及《白鹦鹉践双陆图》。《宣和画谱》中收录的都是北宋宫廷所藏的当朝及北宋以前的名画，由此可见许多以杨贵妃与鹦鹉雪衣娘为题材的画作还留存到了北宋时期。如此宝山二号辽墓的这幅壁画也极有可能来源于在辽国流传的张萱或周昉的绘画粉本（中国古代绘画施粉上样的稿本）。如今，张萱与周昉的画作都已难得一见。这幅深藏于地下的壁画反而成了可靠性最高的反映杨贵妃与鹦鹉雪衣娘故事的实证。

图9-9

图9-10

善言解语富贵鸟

由于获取不易，鹦鹉在唐代只是皇室贵族的玩宠，并不能像燕子一般飞入寻常百姓家筑巢繁衍。晚唐诗人皮日休《哀陇民》一诗写道："陇山千万仞，鹦鹉巢其巅。穷危又极险，其山犹不全。蚩蚩陇之民，悬度如登天。空中觇其巢，堕者争纷然。百禽不得一，十人九死焉。陇川有戍卒，戍卒亦不闲。将命提雕笼，直到金台前。彼毛不自珍，彼舌不自言。胡为轻人命，奉此玩好端。吾闻古圣王，珍禽皆舍旃。今此陇民属，每岁啼涟涟。"由诗中描述可见，捕捉鹦鹉是极其危险的事情，而且，鹦鹉天性喜热畏寒，长安冬季寒冷，饲养极为困难。据记载：林邑国曾向唐太宗贡献过一只五色鹦鹉，太宗极为喜爱，但由于这只鹦鹉不适应唐朝寒冷的气候，太宗特意下诏将其放送回国。正因为难得，鹦鹉纹在唐代多被装饰在各种珍贵之物上以表富贵之意。

图9-11

日本嘉纳治兵卫氏藏有一面唐代的双鹦鹉纹铜镜（图9-11），直径28.8厘米。镜背上两只鹦鹉口衔花枝身披绶带，展翅环飞。画面华丽贵气，鹦鹉造型栩栩如生，是唐镜中的杰作。这类铜镜正是当时皇亲贵族互相馈赠的珍贵礼物。

此外，在唐玄宗的宠妃武惠妃的石椁廊柱外壁上，也装饰有鹦鹉纹。图9-12（见下页）为武惠妃石椁廊柱外壁上鹦鹉图的线刻。图上繁花似锦，画面上方，一只鹦鹉张开双翼由画面上方飞向下方。而在画面下方，一只鹦鹉站立于一朵阔叶大花的花心，双翼展开，尾羽上扬，口衔花枝，昂头向上做展翅欲飞状，似乎就要飞起与上面的鹦鹉相会。两只鹦鹉形态各异却又彼此呼应、脉脉相通，可谓形神兼备。这样一双可爱的鹦鹉是武惠妃生前钟爱的宠物吗？因缺少文献的佐证，我们不得而知，但唐代人们对鹦鹉的喜爱由此可见一斑。

唐代以后，宋代人们也爱鹦鹉，宋徽宗赵佶曾画《五色鹦鹉图》，故宫博物院还藏有一件宋代的珍珠地划花鹦鹉纹瓷枕。宋人诗词中对鹦鹉也多有描写，但宋代以后，鹦鹉在文献记载中出现的频率日渐减少，也不见如鎏金鹦鹉纹提梁银罐一般把鹦鹉纹作为富贵的象征装饰在金银器上了。

图9-12

【参考文献】

[1] 陕西历史博物馆，北京大学考古文博学院，北京大学震旦古代文明研究中心. 花舞大唐春——何家村遗宝精粹[M]. 北京:文物出版社,2003.

[2] 中国社会科学院考古研究所. 安阳殷墟出土玉器[M]. 北京:科学出版社,2005.

[3] 内蒙古文物考古研究所，阿鲁科尔沁旗文物管理所. 内蒙古赤峰宝山辽壁画墓发掘简报[J]. 文物,1998(1):73-95.

[4] 孙建华. 内蒙古辽代壁画[M]. 北京:文物出版社,2009.

[5] 吴玉贵. 内蒙古赤峰宝山辽壁画墓“颂经图”考略[J]. 文物,1999(2):81-83.

[6] 王纲怀,孙克让. 唐代铜镜与唐诗[M]. 上海:上海古籍出版社,2007.

[7] 李娟. 唐人与鹦鹉[J]. 天水师范学院学报,2009,29(3):75-77.

[8] 范雨舟. 宝山辽代墓室壁画之浅见[J]. 数位时尚:新视觉艺术,2012(6):74-83.

第十章

唐代多元文化的见证

——鎏金舞马衔杯纹银壶

鎏金舞马衔杯纹银壶

第十章

唐代多元文化的见证
——鎏金舞马衔杯纹银壶

盛世遗珍今重现

在现代奥林匹克运动会的马术比赛中，有一个项目叫作盛装舞步，代表了骑乘艺术的最高境界。马匹经过专业的训练后，与骑手合作表演出优雅的舞步动作，极具观赏性。这项比赛极其考验马与骑师的技术水平以及人和马配合的默契程度，因此也被称作马的芭蕾舞。可是您知道吗？早在中国的唐代，善舞之马就已十分盛行，唐诗中有关舞马的描述不胜枚举：“髤髵奋鬣时蹲踏，鼓怒骧身忽上跻”“眄鼓凝骄躞蹀，听歌弄影徘徊”“绣楣尽容麒骥足，锦衣浑盖渥洼泥”，这些诗句将舞马矫健的身姿和高超的技艺凝练在文学作品当中。而唐代鎏金舞马衔杯纹银壶（见上页插图）的重现世间，则让一千多年后的我们直观地感受到大唐舞马的风度和魅力。

这件银壶1970年出土于陕西省西安市何家村唐代窖藏之中。通高14.8厘米，重549克，整体造型似马镫。壶身呈扁圆形，壶的上方一侧开有竖筒状的小口，口上还有一个鎏金覆莲瓣形的壶盖帽。一条呈八字形缠绕的小巧银链将覆莲盖和后面的鎏金弓状提梁连接起来。壶的上沿由壶口处向后骤然降低，但在尾部又微微翘起，形成一条优美而富于变化的曲线，打破了一般酒壶四平八稳的传统形象。壶身两侧各装饰有一匹舞马的图案。壶身下方有一喇叭形圈足，圈足与壶腹之间装饰着一圈环环相扣的同心结纹饰。

舞马衔杯纹银壶的造型来源于北方游牧民族常用的皮囊壶。最早的皮囊壶是用牲畜皮革缝制而成的，用来盛装水、酒和奶。壶上还设有鋬带，便于在马背上悬挂携带，适应游牧民族不断迁徙、逐水草而居的生活。随着时代的发展，皮囊壶的制作日趋精美，也更便于携带。善于骑马放牧的契丹人将皮囊壶改良成硬质的马镫式壶，使用起来更加方便。这种壶形似马镫，有耳可拴绳，便于系在马上；小口有盖，使壶内液体不会因马在行进时的颠簸而洒出。这种马镫式的皮囊壶是契丹人日常生活中的必需品，在很多契丹墓葬和窖藏中均有发现。这件鎏金舞马衔杯纹银壶是唐代工匠们为适应皇室贵族外出游猎的需求，巧妙地仿照皮囊壶制作而成的。工匠们以金和银这两种贵重材料代替皮革，既彰显了皇室尊贵的身份，又保留了皮囊壶原本的形状和功能，可谓匠心独运。

这件银壶不仅造型生动优美，而且工艺复杂精湛。整件银壶采用纯银捶揲而成，即先将银料捶打成板状，再分别敲击出壶两面的大致形状，然后用模压的方法在壶腹两面的内侧捶击出凸于器物表面的舞马形象，并在图案上鎏金。接下来将两半壶身焊接起来，并打磨焊口，使得焊缝基本上看不出来，这对工匠的技术水平是极大的考验。在捶揲成型的过程中必须做到壶身两半工整而对称，才能保证在焊接成型时能够严丝合缝，分毫不差。这件器物的独特之处在于，它的器身和圈足是一体捶击成型的，而壶底则用捶打成型的椭圆银片镶嵌焊接。这与一般器底焊接圈足的做法迥然不同，在唐代金银器中是十分罕见的。银壶通体经过打磨抛光处理，壶盖、提梁、链条、同心结纹饰以及舞马图案上均鎏金，除此之外再无其他多余装饰。整件银壶简洁大方，充分体现出金与银贵重的质地和华丽的光泽。

鎏金舞马衔杯纹银壶最引人注目的是壶身上的纹饰。舞马图案采用模压的方式制作而成，这种工艺使图案极富立体感，呈现出高浮雕一般的效果。这两匹舞马身形强健，体态丰满，肌肉的线条匀称流畅，是上等的良马。马的鬃毛柔顺地披在前额和脖颈上，尾巴高高扬起，每一根毛发的纹理都清晰可见。马颈上系着一根挽成双花结的丝带，末端的流苏随风飘舞。舞马的姿态极具动感，它前蹄撑地，后蹄弯曲，嘴里还衔着一只酒杯（图10-1）。工匠们凭借巧妙的设计和精湛的技艺，将舞马匍匐跪拜、衔杯祝酒的场景表现得淋漓尽致。

图10-1

在唐代文物中，舞马的形象并不独此一例。陕西历史博物馆中还珍藏有一件出土于陕西省咸阳市长武县唐代张臣合墓的彩绘贴金白陶舞马（图10-2）。这匹舞马头小颈细，两耳竖起，鬃毛分披在前额两侧。马身通体涂白，鬃毛、鞍鞯呈红色，鞍边沿涂金，马尾扎结，身上缀以璎珞装饰。马的右前蹄抬起，后腿稍屈，正在踏着节拍翩然起舞。与此类似的还有出土于昭陵陪葬墓张士贵墓的白陶舞马（图10-3）。

图10-2

图10-3

舞马翩跹自西来

唐朝人对马的喜爱较之汉朝人有过之而无不及。唐朝的马牧业非常发达，无论是国家监牧养马，还是民间私人养马，都呈现出空前繁荣的景象。他们不惜通过互市、朝贡，甚至战争、和亲的手段从西域诸国获取良马。据《新唐书》记载：自贞观至麟德的近四十年间，官家养马的数量达到了7.06万匹，为历代之最。在唐朝，马受到上自帝王贵胄，下至市井游侠前所未有的重视。唐人也将这种对马的喜爱之情融入文学、艺术当中。在唐代的诗词、雕塑、绘画、陶俑中，马是最常见也是最精彩的主题元素。唐诗中“天马来出月支窟，背为虎文龙翼骨”“四蹄碧玉片，双眼黄金瞳”“骁腾有如此，万里可横行”等咏马的诗句屡见不鲜。唐太宗李世民为了纪念陪伴自己征战沙场，立下赫赫战功的六匹战马，亲自撰写《六马图赞》，为它们赐名立传，并命人以它们的形象为蓝本，制成六幅浮雕石刻，陪葬昭陵。唐玄宗李隆基酷爱名马，常命画家“图其骏”，当时涌现出曹霸、韩干、陈闳等多位专擅画马的大家。曹霸的《九马图》《赢马图》引发当时权贵们的竞相追捧，韩干的《照夜白图》（图10-4）、《牧马图》是不可多得的传世珍品。各式各样的马俑是唐三彩中最为精华的部分。唐代马俑（图10-5为唐三彩三花马俑）普遍展现出高大矫健、器宇轩昂之姿。无论是身披甲胄的战马，还是笼辔俱全的鞍马，都被工匠塑造得体格匀称，膘肥身健，骨肉停匀，体现出昂扬向上的时代精神。

在唐代，马的用途非常广泛，不仅用于交通、运输、战争、驿传等，还用于宫廷的社交和娱乐活动中，其中最引人注目的就是舞马了。据史书记载：自南北

图10-4

图10-5

朝开始，中原王朝便不断从大宛、吐谷浑、吐火罗、大秦（罗马帝国）、疏勒等地引进舞马。

唐代是舞马发展的鼎盛时期。朝廷从西域进贡的良马中选择最优秀的纳入“飞龙”“翔麟”“凤苑”等官厩中，由专人进行驯养调教，使其能够在重大节日和外交宴会上进行表演。唐《通典·乐典》中记载：“今（指武周时期）翔麟、凤苑厩有蹀马，俯仰腾跃，皆合曲节，朝会用乐，则兼奏之。”大唐舞马的技艺之高、装饰之华丽、编排之精妙，给外宾们留下了深刻的印象。宋《负暄杂录》记载：中宗时宴请吐蕃使者，席间进行舞马表演。一匹匹舞马身着五彩丝线编织的舞衣，披挂缀满金饰的马鞍，头上和身上还有象征麒麟和凤凰的装饰。当音乐奏起时，舞马踏着节拍翩翩起舞。在听到《饮酒乐》时，舞马以口衔杯，跪拜敬酒。吐蕃使者无不惊异赞叹。

舞马表演在唐玄宗时期达到最高峰。当时宫廷中驯养舞马数百匹，它们都是从西域所获良马中精心挑选出来的。唐玄宗对其相当重视，委派专人对舞马进行训练和管理，甚至给舞马冠以“某家宠”“某家骄”的名字以示宠爱。舞马通常在皇帝生辰和重大宴会上进行表演。《新唐书》和《明皇杂录》中有记载：每年八月初五千秋节（唐玄宗生日）之际，宫中会举办盛大的庆祝活动。在兴庆宫的勤政务本楼前，数百匹舞马“衣以文绣，络以金银，饰其鬃鬣，间杂珠玉”依次入场，分成左、右两部进行表演。数十位姿容秀美的少年乐工身着黄衫，腰系玉带，分立左右，为表演奏乐助兴。当《倾杯乐》响起时，训练有素的舞马踩着节拍，或奋首鼓尾，或纵横应节，随着乐曲展现着矫健身姿。乐曲将终时，舞马口衔酒杯，屈膝跪拜，向皇帝敬酒祝寿，将活动的气氛推向高潮。舞马经过长期训练，与驯马师之间默契十足，可以做出一系列高难度动作。有时舞马场地中会放置三层板床，骑师乘马登床，在上面旋转如飞。有时驯马师站在高台上，舞马在他们的指挥下翩翩起舞。最为难得的是舞马可以站立在两名壮汉高高举起的木榻上静立不动，令人啧啧称奇。每次表演的舞马少则数十匹，多则上百匹，唐玄宗时就有四百匹舞马同时表演的盛大场景。不仅如此，舞马还能和大象、犀牛一起表演，同时佐以数百名身着锦绣的宫人现场演奏《小破阵乐》，场面盛大至极。

然而，这样恢宏盛大的庆典在天宝十四年（公元755年）却戛然而止。据《明皇杂录》记载：唐玄宗统治末期，皇帝安于享乐，朝政由奸臣李林甫、杨国忠把持。边疆大臣安禄山拥兵自重，大权在握，于天宝十四年发动政变，并于次年（公元756年）攻陷长安称帝。唐玄宗仓促之间弃城而逃，他心爱的舞马也尽数被掳，后来辗转流落到了安禄山手下大将田承嗣的手中。田承嗣草莽出身，何曾见识过舞马风采，将这些名贵的舞马与战马混杂在一起，养在军营之中。一天，军中宴乐，舞马听到乐曲，情不自禁地应声起舞。士兵们见状，以为有妖孽作祟，便用鞭子抽打。舞马却以为是因为跳得不够好而受到惩罚，反而跳得更加起劲，越跳越整齐。可怜的舞马最终竟被活活鞭打至死。至此，舞马衔杯祝寿的场景便永远定格在这件鎏金舞马衔杯纹银壶之上，成为过往的一段传奇。

今天，我们看到的这件鎏金舞马衔杯纹银壶，凝聚着非常丰富的文化内涵。皮囊式壶与舞马都是沿丝绸之路传来的异域文化。金与银汇聚天地精华，呈现出自然界最美丽、最高贵的光泽和质感。冲压、錾刻等工艺被唐代工匠娴熟运用，体现出历代金银器制作的最高水准。舞马的传奇又是大唐王朝由盛转衰的最好见证。正是这种集八方之珍、聚人间之美的天作之合，共同造就了这件罕见的、令人引以为豪的艺术杰作，让我们在一千多年后得以一睹大唐舞马的风采，使封存在文字中的传说重现世人面前。

【参考文献】

[1] 陕西历史博物馆，北京大学考古文博学院，北京大学震旦古代文明研究中心. 花舞大唐春——何家村遗宝精粹[M]. 北京：文物出版社，2003.

[2] 方协邦. 我国古代舞马活动考略[J]. 青海师范大学学报：哲学社会科学版，1996(1)：90-92.

[3] 钱松，赵玉霞. 丝绸古道上的舞马与马舞艺术[J]. 新疆艺术学院学报，2004，2(4)：7-9.

第十二章

唐代社会的礼仪制度

——唐懿德太子墓壁画《阙楼图》《列戟图》

幽冥珍品　唐墓壁画

在中国古代墓葬中，常常可见陶器、瓷器甚至金银器、玉器等各类随葬品。而有一类特殊的随葬品，虽无陶俑般生动可人的形象，也无金、玉般光华莹润的色泽，但却蕴含了丰富的历史信息和艺术价值，这就是独具魅力的墓葬壁画。

我国在墓葬中绘制壁画的传统由来已久，目前已知最早的墓葬壁画出土于陕西省宝鸡市扶风县杨家堡的西周墓葬，此后历代的墓葬中均有壁画发现。墓葬壁画不仅起到了装饰墓室的作用，更是古人“事死如事生”观念的体现。这些壁画大多反映的是墓主生前的生活和生平经历，也有转世升仙等宗教图像，寄托着亲人对死者的美好祝愿。

在历代墓葬壁画中，发现数量最多、历史价值和艺术价值最高的就是唐墓壁画。陕西作为唐王朝都城所在地，其出土的墓葬壁画具有数量多、规模大、等级高的特点。从这些壁画中，我们对唐代宫廷和贵族阶层的生活能有一个直观地了解。

唐墓壁画的制作需经过繁复的工序。在绘制壁画之前，要先对墙面进行整平（图12-1），然后将麦草、苎麻、棉、沙等与白灰调和，涂抹在墙面上，称为壁画的地仗层（图12-2）。在地仗层将干未干之际就可以进行壁画绘制了。壁画的绘制主要可分为起稿、勾线、上色这三个步骤，即所谓的“一朽、二落、三成”。工匠首先用赭石块、毛笔、墨斗等工具在墙面上起稿，画出大致轮廓（图12-3）；再在此草稿的基础上勾线定稿，确定画面整体内容和布局；最后用颜料进行渲染和上色（图12-4）。绘制壁画所采用的颜料以矿物为原料，有赤铁矿、蓝铜矿、孔雀石、水锰矿、金银矿等数十种。唐代由专门机构负责将这些矿物材料从全国各地征集而来，再进行进一步的提炼加工，形成绚烂多彩而富于变化的颜料。《历代名画记》中对此有详细的记载：“武陵水井之丹，磨嵯之沙……吴中之鳔胶，东阿之牛胶，漆姑汁炼煎并为重采郁而用之。”

图12-1

图12-2

图12-3

图12-4

墓葬壁画非常脆弱，长时间的埋藏后很容易出现剥落、脱胶、发霉等情况，且一旦墓葬被发掘，与外界空气接触，很容易龟裂和脱色，因此要在第一时间对出土壁画进行保护。目前比较常见的做法为原地保护和迁移保护。迁移保护就是指将壁画揭取下来送到实验室进行进一步的修复和保护工作。在揭取壁画之前，先要对壁画表面进行清理，对壁画的脱胶、酥碱、裂缝等进行初步处理（图12-5，见下页）；再根据保护需要和画面内容确定壁画的分割线；接着将加固材料涂在壁画上，再贴上纱布，重复多次（图12-6，见下页）；最后将木质的边框套在分割线上，沿边沿切割壁画（图12-7，见下页）；切割下来之后要立

即给壁画加托板，防止其裂化（图12-8）。壁画揭取后要运回有条件的实验室进行修复和保护工作。首先要对壁画表面的钙垢、霉斑等进行清除，接着要对画面残损部分进行填充修补，并通过做旧使壁画整体协调一致。墓葬壁画的物理性质特殊，对存放环境温度、湿度以及照度也都有严格要求。

图12-5

图12-6

图12-7

图12-8

唐懿德太子墓《阙楼图》

在目前发现壁画的唐代墓葬中，当属唐懿德太子墓的规模最大、等级最高。懿德太子李重润，原名李重照，是唐中宗李显和韦皇后所生的唯一的儿子。唐高宗永隆元年（公元680年），李显以皇太子身份入主东宫。永淳元年（公元682年），李显的长子李重照诞生。唐高宗对这位嫡长孙甚是喜爱，在李重照满月之时赐宴三日，大赦天下，并改年号为永淳。不久后又立李重照为皇太孙，为其开府设官属。弘道元年（公元683年），唐高宗驾崩，李显继承皇位，是为唐中宗。武则天以皇太后身份临朝称制，大权在握。光宅元年（公元684年），唐中宗李显被武则天以“欲以天下与韦玄贞”的罪名贬黜为庐陵王。当时年仅两岁的李重照被废为庶人囚禁起来。天授元年（公元690年），武氏改制称帝，自名“曌”，为避讳，李重照改名李重润。

武氏称帝之后，以严刑酷吏强化统治，朝廷大臣多有不满，心生愤懑，李氏宗亲人人自危。为了稳固政权，武则天在大臣狄仁杰的力劝下，将谪居房州的李显一家召回洛阳，恢复了李显太子的身份，并封李重润为邵王。

武则天晚年极宠面首张昌宗、张易之两兄弟，因其“内行不正”，朝臣均敢怒不敢言。二张仗势肆意妄为，“嘲诋公卿，淫蛊显形”，还一度把持朝政。大足元年（公元701年）九月壬申，李重润因私下议论二张“何得恣入宫中”，被奸人陷害，密告于武则天。武则天大怒，李重润因此获罪被杖杀（一说是被迫自杀），年仅十九岁的李重润就这样沦为政治斗争的牺牲品。李重润生前“秀容仪，以孝爱称”，其“诛不缘罪”，时人皆感伤涕流。

神龙元年（公元705年），李显在宗亲朝臣的拥护下重夺政权，恢复李唐统治。在其复位后，对武周时期的冤假错案进行重新审核，以扶正国本，安抚民心。李重润被追谥为懿德太子。神龙二年（公元706年），唐中宗将李重润灵柩自洛阳迁至乾陵陪葬，令国子监丞裴粹亡女与之冥婚合葬，迁葬礼十分隆重。懿德太子墓遵循的是“号墓为陵”（唐代皇室一种极为特殊的丧葬制度。称陵不称墓，墓葬和随葬品以皇帝等级安排），等级逾制，这既是全面恢复李唐统治的政治需求，又是唐中宗对其嫡子情感上的一种补偿。

懿德太子墓等级之高、规模之大是乾陵众陪葬墓中之最。整个陵园南北长256.5米，东西宽214米。陵园南部有土阙、石狮、石人、石华表各一对。懿德太子墓全长100.8米，由墓道、六个过洞、七个天井、八个小龛、甬道、前室、后室等几部分组成。墓中出土三彩器、陶器、金饰和车马器等各类随葬品1000余件。墓内还发现玉质哀册残片11件，文字阴刻填金，可以辨认出“太子重”“高居”“月甲戌朔廿”等字。在墓道、过洞、天井、甬道和前后室内均绘有壁画，较完整的有40幅，面积近400平方米，题材涉及步行仪卫、车骑出行、宫女内侍、四神、天象等，较为全面地反映了唐代皇室贵族的日常生活。

《阙楼图》绘制于懿德太子墓墓道的东西两壁上，共两幅。东壁《阙楼图》（图12-9，见下页）高3.04米、宽2.96米；西壁《阙楼图》（图12-10，见下页）高3.05米、宽2.98米。两幅壁画内容大致相同。阙楼为一组三出阙，即一个母阙加两个子阙。阙楼高大宏伟，从上到下可分为屋顶、屋身、平坐、墩台四部分。屋顶为单檐庑殿式，有一条正脊和四条斜脊，四面屋顶呈斜坡状，略微向内凹陷形成弧度，故又称为“四阿顶”。正脊两端饰有高高翘起的鸱尾。鸱是传说中的一种神兽，主水，饰于屋檐上，起到避火镇宅的作用。屋檐出檐深远，上面

图12-9

图12-10

画出筒瓦、滴水等结构。屋檐下有飞檐和椽子，长度基本相等。屋身面阔、进深各三间，大门居中，两边为直棂窗，周围有回廊。平坐架于墩台之上承托起屋身，四周为绘有蔓草花纹的单勾阑，转角和柱头有斗拱起到承重作用。墩台呈梯形台体，收分明显，上部施木枋与平坐相连，两重木枋中间以短柱联系；墩台为砖土结构，夯土筑为基础，外包长方形条砖，四边转角处包砌饰有忍冬蔓草纹的条石。《阙楼图》以城墙和远山为背景，其北面为《仪仗出行图》，绘有向城门行进的仪仗队伍。

阙是中国传统建筑中的一个重要组成部分，根据建筑位置的不同可称为城阙、宫阙、陵阙、宅第阙等。唐懿德太子墓《阙楼图》中所绘的即为城阙。阙通常建筑在城门两侧或宫室之间的夯土墩台上，台上加木构亭台，可登临观望，因此也称为“观”。汉代刘熙《释名》中解释：“阙，缺也，在门两旁，中央阙然为道也。观，观也，于上观望也”。阙的出现最早可追溯到西周时期，《诗经》中就有“挑兮达兮，在城阙兮”的描述。阙最初是一种防御性建筑，“阙为城卫，以待暴卒”，供士兵们登临、观望、抵御外侵。早期阙的形制较为简单，以独立于城门外的单阙为主。到了春秋时期，阙的数量、位置和使用范围逐渐有了等级区别，如《春秋公羊传》记载：“礼，天子诸侯台门；天子外阙两观，诸侯内阙一观。”

秦汉时期，阙的形制逐渐丰富，二出阙、三出阙已经出现，与单阙共存，并且出现了阙楼夹建于城门两侧的形式。阙的数量与等级相关，汉代时一般官僚可用一对单阙；二千石以上诸侯可用一对由一主阙与一子阙构成的二出阙；皇帝则用由一主阙与二子阙构成的三出阙。但也有例外，《汉书·霍光传》中记载：西汉大将军霍光墓前“起三出阙，筑神道”，可见此时用阙制度并不严格。这一时期，阙的功能也逐渐丰富，汉刘熙《释名·释宫室》中记载：“门阙，天子号令、赏罚所由出也。”阙成为天子发号政令、显示德政、临抚万民的场所。

唐宋时期是阙的繁荣期。这一时期的城阙普遍高大恢宏，装饰华丽，充分体现出阙的威仪感。此时的阙具有重要的政治功能。隋唐时洛阳城应天门两侧各有一组三出阙，当时许多重要的政治活动，如大赦、改元、接见外国使节等都在此举行。随着阙功能的不断丰富和完善，其明尊卑、别身份的功能不断被强化，逐渐演变为“表正王居，光崇帝里”（南朝陆佐公《石阙铭》）的礼仪性建筑物。唐代用阙制度完善，其数量与身份等级有严格的对应关系，三出阙是皇帝独享的最高配置，唐乾陵内城四门外以及唐桥陵南门西侧均发现三出阙的基址。唐懿德太子墓中绘制的这组三出阙，正是“号墓为陵”的具体体现。

到了明清时期，阙逐渐衰退，仅用于宫城正门和重要宫殿前，结构造型也大大简化，完全成为礼仪的象征。

从形制上看，阙经历了从单阙、二出阙向三出阙发展的过程。单阙形制最简单，出现也最早，起初孤立建筑在城门外侧，左右相对，与城门不相连。汉代时出现了紧靠城门左右两侧、与城垣相连的阙。最迟到南北朝时期，单阙与城门间以垣廊连接起来，形成“凹”字形平面。二出阙形制较为复杂，为一母阙旁附一子阙，两阙形制相同，母阙高大，子阙略矮小。目前所见最早的二出阙形象见于四川省成都市羊子山东汉墓中出土的门阙图画像砖（图12-11，见下页），可以看到二出阙是紧靠城门的。汉晋时，二出阙脱离城门，孤立在城门外侧。南北朝时出现了垣廊，将阙与城门连接起来，隋唐时期沿用了这种形制并有所发展。唐淮安王李寿墓壁画《阙楼图》中所绘二出子母阙与城楼之间以廊相连接，形成

“凹”字形平面。三出阙是城阙中最复杂的一种，一般形制为母阙外侧或后侧附两出子阙，规模依次递减。汉代已经出现三出阙，考古发掘中所见最早的三出阙实例为汉阳陵陵园南门阙。三出阙在唐代时业已成熟。隋唐洛阳城应天门阙形制为双向三出子母阙，即母阙的外侧和后侧各有两出子阙，平面呈曲尺形，阙楼与城门间以飞廊和垛楼连接，浑然一体又错落有致，给人以庄严肃穆之感。这种建筑形制对北宋汴梁丹凤门和明清故宫午门产生了深远的影响，在中国建筑史上占有重要地位。

图12–11

唐懿德太子墓中的《阙楼图》能够直观地展示唐代阙楼的形象，其所绘的三出阙更是研究唐代阙楼制度的珍贵材料。此外《阙楼图》也为研究唐墓壁画的绘制方法提供了宝贵的资料。壁画的笔画工整平直，墩台处最长一笔可达80厘米，由上到下一气呵成。仔细观察可以看到笔画处有轻微凹陷。这说明绘制时应该是先利用直尺和树枝在未完全干透的墙面上起稿，再用毛笔在凹陷的痕迹内进行勾勒的。这种绘画形式与我国传统绘画中的工笔界画（中国画技法名，作画时使用界尺引线）一脉相承，因此有学者将这两幅壁画评价为“工谨细巧、雍容典丽的初唐界画”。另外，懿德太子墓《阙楼图》还具有很高的艺术价值。画面采用仰视的角度，与现实中观看阙楼的视角相符，并衬以城墙和远山的背景，突显出阙楼的高大巍峨，给人一种“扑面而来”的视觉震撼。在绘制时采用了类似焦点透视的方法，立体感很强，三出阙有明显的远近关系。整幅画面配色和谐自然，墩台为冷色调，内部还有赭、灰等细微变化，墩台四边工笔细描出蔓草图案，十分庄严典雅。屋身、平坐部分用朱红色描绘，在主要连接点还绘有金铜饰件，给人富丽华贵之感，充分展现出皇家建筑的豪华气派。

唐懿德太子墓《列戟图》

懿德太子墓壁画中除了《阙楼图》之外，还有一组可以充分反映唐代礼仪制度的壁画，这就是绘制于第一、二天井东、西两壁的四幅《列戟图》。第一天井东壁《列戟图》（图12-12，见下页）中绘制一排朱红色戟架，架上绘12戟。戟头下缀虎头纹幡，旁边垂有红、黄、绿三色缨带。戟架前站着三排仪仗队，每排8人，共24人。仪卫头戴幞头，身着紫、红、白、绿等色圆领长袍，腰束黑色革带，足蹬黑靴。第一排仪卫左手握剑，有的腰间还挂有虎皮或豹皮制成的箭囊，称为“虎韔豹韬”。与之对称的西壁《列戟图》，与东壁画面内容大致相同，区别为西壁绘有13戟。第二天井东、西两壁《列戟图》内容与第一天井东、西两壁壁画内容类似，两侧各列12戟，共24戟。图12-13（见下页）为第二天井西壁《列戟图》。

戟是我国古代常见的一种长兵器，古称“棘”，是戈和矛的结合体，既有竖刃也有横刃，呈“卜”字或“十”字形，具有钩、啄、刺、割等多种用途，杀伤力很强。戟最早出现于商代，至春秋时已成为战争中的常用兵器。到了汉代，戟除了用于实战之外，逐渐演变为身份地位的象征。当时的王公贵族在居室内会陈设木质的兵器架，称为“兵兰”，上面插放戟、矛等兵器。汉代以后，兵兰的军事意义逐渐弱化，陈列的兵器也由实战兵器变为单纯的列戟，陈列的位置由宅内逐渐向庭院或大门转移。至隋代，列戟已成为定制。《隋书》中记载：“时制三品以上，门皆列戟……父之戟槊已列门外。尊有压卑之义，子有避父之礼，岂容外门既设，内阁又施。”可见当时列戟已有了明尊卑、别身份的意义。到了唐代，列戟制度更加完善，列戟的位置已不局限在官私宅地，凡居所、官府、陵园、寺庙皆可列戟。此时，列戟也不再是男子的特权，据《通典》中记载：“中宗时，韦皇后表请诸妇人不因夫、子而加邑号，许同见任职事，听子孙用荫，门施棨戟。”可见，贵族女性列戟已成定制。在唐代，对不同身份等级的人所能使用的戟的数量有严格的规定，据《唐六典》中记载：“凡太庙、太社及诸宫殿门，东宫及一品已下、诸州门，施戟有差。凡太庙、太社及诸宫殿门，各二十

图12-12

图12-13

四戟。東宫诸门，施十八戟。正一品门，十六戟。开府仪同三司、嗣王、郡王、若上柱国、柱国带职事二品已上及京兆、河南、太原府、大都督、大都护门，十四戟。上柱国、柱国带职事三品已上、中都督府、上州、上都护门，十二戟。国公及上护军、护军带职事三品，若下都督、中下州门，各一十戟。”即分为24戟、18戟、16戟、14戟、12戟和10戟六个等级。如唐懿德太子墓壁画中所展示的24戟（第一天井东、西两壁合计25戟，当属画工之误），是天子才能享有的配置。这种等级的列戟与其生前身份不符，属于“号墓为陵”的特恩。

目前已知的绘有《列戟图》的唐墓均为位于唐朝都城长安地区的高等级墓葬，墓主多为皇亲国戚，官品在三品以上。《列戟图》大多绘制于墓道、天井和过洞处，与其生前列戟于宅邸门前的情况一致，反映了当时人们“墓为真宅”的观念。至今所见最早的唐墓壁画《列戟图》出土于唐淮安王李寿墓，绘制于墓葬第四天井东、西两壁，两壁各绘有一排红色木质戟架，架上各列7戟，一共14戟。图12-14为李寿墓东壁《列戟图》，戟架的四周站立仪卫，左侧二人腰佩

图12-14

横刀，右侧四人中三人执旗、一人按剑，架后五人持弓。除一人头戴进贤冠、身穿交领宽袖袍、下着袴、履外，其余均头戴幞头、身着袍服、足蹬黑靴。李寿是唐高祖李渊的堂弟，隋末跟随李渊起义，是唐朝的开国功臣之一，封淮安王，死后陪葬献陵，其墓葬中列戟的等级规模符合他郡王的身份。

仔细对比李寿墓与懿德太子墓中的《列戟图》，我们可以发现，绘制于初唐时期的李寿墓《列戟图》中的戟架为双层带廊房式，较为高大，戟架周围站满武装卫兵和仪仗侍从，整幅画面仍保留有列戟本身的军事意味。到了绘制于盛唐时期的懿德太子墓《列戟图》中的戟架变为单层，形制更加简洁。比懿德太子墓《列戟图》绘制年代更晚的太平公主第二女、万泉县主薛氏墓的《列戟图》中的戟架单薄矮小，仅绘一名侍从。这种差异固然与墓主人的身份等级有关，但从中也不难看出唐代列戟之风由高大复杂、注重实用性向矮小简单、强调象征意义变化的轨迹。

唐懿德太子墓壁画《阙楼图》和《列戟图》让我们得以管窥唐代系统而完备的礼仪制度。唐代礼制从宗庙陵寝、谥号庙号到卤簿（古代帝王出行时的车马仪仗）、舆服（车舆冠服与各种仪仗）、乐舞无不指定严明的等级制度，凡皇帝所用，均尊而加之。诸如天子“三出阙”“列24戟”的礼仪规定，皆是为了强调皇帝至高无上的权威和地位。总而言之，唐朝统治阶级制定和推行严格而细致的礼仪制度，使其渗透至政治经济、社会文化、道德伦理的各个方面，通过潜移默化的影响，使社会各阶层自觉地认同自己的身份与地位并遵守对应礼制，以此达到维护宗法秩序、调整社会关系、巩固政权稳定的目的。

【参考文献】

[1] 韩建华. 中国古代城阙的考古学观察[J]. 中原文物,2005(1):53-61.

[2] 周天游. 唐墓壁画研究文集[M]. 西安:三秦出版社,2001.

[3] 王仁波,何修龄,单時. 陕西唐墓壁画之研究(上)[J]. 文博,1984(1):39-52.

[4] 任爽. 唐代礼制论略[J]. 史学集刊,1998(4):13-19.

[5] 申秦雁. 懿德太子墓壁画[M]. 北京:文物出版社,2002.

第十三章

大唐女性风貌的生动再现

——唐永泰公主墓壁画《宫女图》

唐永泰公主墓壁画 《宫女图》(部分)

第十三章

大唐女性风貌的生动再现

——唐永泰公主墓壁画《宫女图》

唐永泰公主墓位于陕西省咸阳市乾县乾陵东南2.5千米处，是乾陵众陪葬墓之一。墓葬等级高，规模大，地面上有大型封土，陵前有石羊、石狮子、石翁仲、华表等石刻。墓全长87.5米，宽3.9米，最深处距地面16.7米，分为墓道、过洞、天井、甬道、前室、后室几部分。在前甬道入口处发现一盒墓志，志盖上阳文篆刻“大唐故永泰公主志铭”。后室西侧置石椁一具，椁上线刻人物和鸳鸯图案，椁内淤土中夹杂棺木残片和散乱的人骨，经鉴定分属一男一女两人，结合墓志与史料记载判断，应为永泰公主和她的丈夫。墓道第六天井处有一盗洞，洞口与甬道连接处的淤土内发现一副人骨架和一把铁斧，应该为盗墓人，被盗时间约在五代或宋初。唐永泰公主墓虽遭到盗掘，但仍出土陶俑、三彩器、瓷器、金器、玉器等各类随葬品1300余件。图13-1、图13-2（见下页）分别为唐永泰公主墓出土的三彩碗和彩绘陶女立俑。整个墓葬从墓道到墓室四壁及墓顶几乎满绘壁画，每幅壁画的内容各不相同，题材涉及四神、仪仗、列戟、人物、建筑、星象和花卉图案等，从各个角度展示了唐代宫廷贵族的生活景象。这其中最具特

图13-1

图13-2

色、最富表现力的便是绘制于唐永泰公主墓前室东壁的《宫女图》。

风姿绰约的唐代女性

“态浓意远淑且真，肌理细腻骨肉匀”“云想衣裳花想容，春风拂槛露华浓”“朱唇得酒晕生脸，翠袖卷纱红映肉”……我们对唐代女子的印象，大多来自这些美好的诗句。而1960年出土于唐永泰公主墓的壁画《宫女图》则为人们直观地展现了唐代宫廷侍女的形象，从中我们可以真切地感受到唐代女子的美丽风姿。

壁画中共绘制十六位风姿绰约的宫女，为避免画面单一，画师将其分置于两幅画面中，北侧七位宫女（图13-3）与南侧九位宫女（图13-4）面向站立，中间绘制廊柱加以区隔。其中南侧这幅《宫女图》被视为唐代早期仕女画的最高水准。

南侧的这幅《宫女图》高177厘米，宽198厘米，描绘了九位唐代宫女形象。画面中左起为首一人头梳半翻髻，上着白色窄袖衫，外套红色半臂，肩绕绿巾，

图13-3

图13-4

下穿绛色长裙，脚穿重台履。面若满月，仪态端庄，双手拢于胸前。从她所处的位置、神态及手中未持器物推测，她可能是这群宫女的首领女官。在她身后跟随的八位宫女，服饰有别，神态各异，手中捧持不同器具。首领女官身后第一位宫女头梳螺髻，身着白衫绿裙，肩披绛紫色披帛。右手托一敞口盘，左手盘绕在披帛一端，正侧身回顾，目光流盼。其侧后方站立的宫女，头梳双螺髻，浓眉细目，挺鼻丹唇，神情温婉。这位宫女内穿圆领红衫，外着翻领交衽长袍，作胡服装扮，双手捧一高脚烛台，红色的烛火莹莹燃起。图中侧背对人的这位宫女，似乎正在与前二者窃窃私语。只见她身着窄袖红衫，外加黄色半臂，一袭绛色长裙曳地，双手捧一方形奁盒。她上身微仰，腰肢前倾，身姿婀娜，虽侧身示人，亦可让人联想到其姣美的面容。

在稍远的地方站立的左起第五位宫女，梳半翻髻，身着红衣黄裙，肩绕绿巾，左手执一朱色团扇。她注目凝视，神情怡然，似乎正在倾听其他人的谈话。第六位宫女位于画面中央，与旁人稍离，是画师着力描绘的对象。这位侍女螺髻蛾眉，面目清秀，身形颀长，肩若削成。只见她手捧高足玻璃杯，折腰挺腹，亭亭玉立，仿佛弱柳扶风，又似莲花摇曳。她身着朱色窄袖衫，肩绕白巾，一袭绿裙曳地，裙边飘荡合欢带，这正是唐代标准的美人的形象，最能体现当时社会崇尚优雅高贵的审美情趣。

在擎杯宫女之后，站着两位黄衣红裙的女子，一披红巾，一披绿巾，分别持长柄如意和拂尘。画面中最右边一位宫女作男子装扮，头戴幞头，身着圆领长袍和窄脚条纹裤，足蹬线鞋，手捧包袱。在唐代，将身着男装侍奉内廷的宫女，称为“裹头内人”。

这九位宫女从各个方面向我们展示了大唐女子的气质和风貌。壁画中女子的发髻式样有半翻髻、螺髻和双螺髻三种，皆为初唐和盛唐时期流行的高髻式样。半翻髻又称为翻荷髻，因形状似翻卷的荷叶而得名。画中两宫女的半翻髻高高耸起，显然是使用了义髻，即假发。螺髻与双螺髻因形似螺壳而得名，本来是幼童发式，后来被唐代女子改造成高髻普遍使用。唐诗中“螺髻凝香晓黛浓”说的正是此髻。

画中女子面部均敷粉施彩，反映出唐代女子重视面部装饰之风。唐代女子化妆程序复杂，有敷铅粉、抹胭脂、画黛眉、贴花钿、点面靥、描斜红、涂唇脂等步骤，淡妆者采其二三，盛装者悉数运用。画中女子的面部、颈部和胸前敷施铅粉，显得纤白明媚；眉毛经过精心修整，丝丝不乱，眉的浓淡、粗细、弯直各有不同；淡红色的胭脂涂于两腮，轻红拂脸；唇部以朱色口脂点染，更显得“注口樱桃小，添眉桂叶浓”。

宫女们的衣着尤其曼妙多姿。九位宫女中的七位穿有窄袖衫、半臂、长裙和披帛，这是初唐以来女子常服的标准样式，只是此时的衣领变得更大更低，正如唐人诗词里描述的“慢束罗裙半露胸”“半胸酥嫩白云饶”，表现出当时唐代女性自信、开放的观念。另外两位身穿男装的宫女，一位身穿翻领交衽长袍，这是西域胡服的样式；另一位身着圆领紧身小袖长袍，搭配窄脚条纹裤，这是胡化了的男装，而她头上佩戴的幞头却是唐朝本土的汉服式样，足下仍穿女士线鞋，反映了初唐至盛唐时期女性着装中传统襦裙与男装以及胡服并行不悖、互为影响、杂糅相间的风尚。宫女服装颜色丰富，朱红、绛紫、墨绿、鹅黄、藕白相互映衬，搭配得当，体现出唐人高雅的品位和审美情趣。在唐代陶俑中亦可见当时女子服饰的多姿多彩（如图13-5的三彩女立俑，图13-6的彩绘胡装女立俑，图13-7的三彩男装女俑）。

画中除首领女官外，其余八位宫女手中捧持敞口盘、蜡烛、奁盒、团扇、酒杯、如意、拂尘等物品，这些器具有的是中国传统式样，有的带有浓厚的

图13-5

图13-6

图13-7

外来色彩，这为我们了解当时的贵族生活打开了一扇窗口。如敞口大盘，在唐代与匜（古代盥洗用器）配套使用，多为金银质地，是贵族常用的盥洗用具。奁盒是贵族盛放首饰等贵重物品的容器，在已出土文物中多为金银器，而壁画中涂绘成黑色，则表明可能是漆器。团扇呈椭圆形，是唐前期流行的执扇式样，与唐中后期流行的满月形团扇有所区别。长柄拂尘是唐人日常生活中常用的清洁用具，有驱赶蚊虫、清扫灰尘的作用，其式样延续汉晋时期以来不变的传统。其中尤其引人注目的是那件侈口高足玻璃杯，非常具有异域风情。

我国烧制玻璃的历史可追溯到商周时期。不同于如今广泛使用的透明玻璃，我国本土制造的玻璃中铅和钡的含量高，呈现出不透明或半透明的状态，古称“琉璃”“璧琉璃”“陆璃”“玻黎”等。随着丝绸之路的畅通，西亚、北非所产的透明度高的钠钙玻璃和其生产技术逐渐传入我国。《魏略》中记载：“大秦国（罗马帝国）出赤、白、黑、黄、青、绿、缥、绀、红、紫十种琉璃。”《魏书》中还有“波斯国出……颇梨、琉璃”的描述。这些晶莹剔透的玻璃制品在中国逐渐流行起来。西晋文学家潘尼曾撰《琉璃碗赋》，以“凝霜不足方其洁，澄水不能喻其清。刚坚金石，劲励琼玉。磨之不磷，涅之不浊”来赞美玻璃制品的清明澄净。在唐代，带有浓厚异域色彩的玻璃制品受到上流社会的广泛推崇。陕西省西安市何家村唐代窖藏中就曾出土一件凸圈纹直腹玻璃杯（图13-8，见下页），其透明度可与今天的玻璃制品相媲美。不仅如此，玻璃杯身上还有凸起的圆圈纹装饰，这是将熔融的玻璃条趁热贴在杯身上而制成的。这种高超的玻璃热加工工艺最早见于古罗马，由波斯萨珊王朝的工匠们进行改良，经丝绸之路传入我国，并进一步东传至朝鲜半岛和日本。同类工艺的玻璃制品在韩国庆州松林寺、日本奈良正仓院都有发现。这种工艺技术的传播轨迹从一个侧面反映出丝绸之路在古代东西方文化交流中扮演的重要角色。

《宫女图》中这件玻璃杯的器形同样也体现出浓厚的外来因素。高足长柄的酒杯造型源自古罗马，公元6世纪末7世纪初流行于中亚地区。这种造型的酒杯在唐代贵族阶层中风靡一时，且多选用金、银、玻璃等贵重材料制成（图13-9为何家村唐代窖藏出土的素面高足银杯，见下页）。壁画中所展示的高足玻璃杯，可能是一件舶来品，也可能是唐代工匠吸收外域制作工艺仿制的结果。但无论如何，它都是东西方文化交流的生动见证。

图13-8

图13-9

这幅群美毕集的宫女群像，让我们得以窥探唐代皇室贵族日常生活的私密画面。画中九位风姿绰约的宫女分别手持梳妆的奁盒、纳凉的团扇、搔痒的如意、驱蝇的拂尘以及各种宴饮器具，尤其是点燃的明烛，暗示我们这是一个微凉的夏夜，宫女们正赶去服侍公主准备华灯宴饮的场景。

唐代服侍皇帝、太子、公主等皇室贵族的宫女称为宫官，其内部有严格的等级和分工。据《旧唐书•职官志》记载：唐代宫官分为尚宫、尚仪、尚服、尚食、尚寝、尚功六部，各司其职，每部有司记、典记、掌记、女使等职，等级依次递减。《唐六典•诸王府公主邑司》中记载："公主邑司官各掌主家财货出入，田园征封之事，其制度皆隶属宗正焉。"据此推测，为首那位女官可能属于典记或掌记具有较高等级的宫女，持杯盘、明烛的宫女可能是掌管酒醴膳羞、灯烛器皿的掌食女使，持团扇、拂尘、如意的宫女可能是掌管幄帟床褥、汛扫铺设的掌筵女使，捧包袱的宫女可能是掌管首饰衣服、巾栉服玩的掌严女使。这些宫女在宫廷里承担着繁重而琐碎的大小事务，她们大多出身低微，命途多舛，但长期的宫廷生活使她们具备了不凡的气质。虽然正史中对宫人记载寥寥，但这幅壁画却通过画面内容的选取和人物形象的安排，向人们展示出她们不为人知的优雅与美丽。

这幅《宫女图》在人物造型和画面布局上，展现出极高的艺术水准。画中九位宫女身材匀称，体态丰盈却不显臃肿，呈现出"S"形的曲线美，是初唐向盛唐过渡时期的典型形象。这种造型方式显然是受到了印度佛教艺术中菩萨天女形象的影响，同时又融合了唐代画家本土化的处理方式。画中手持高足杯的宫女低头沉吟，似笑似思，其婀娜的体态最能代表武周时期仕女画的神韵。画家通过洗练而流畅的线条将这些特点成功地诠释出来，以线的粗细勾画人物的轮廓和细部，疏密有致，富于变化。尤其人物的面部，眉、发、眼、鼻和嘴经过精心勾勒，一丝不苟。在一幅人物群像中，画家通过服饰、妆容、姿态以及神情的细部特征，使每一个人都具有鲜明的特点，毫不雷同，令人过目不忘。

画家在有限的画幅内安排了九个人物，构图紧凑饱满，却毫无拥挤之感。人物的布局疏密得当，错落有致。人物站位安排巧妙，避免了人物群像画面中易出现的单一呆板局面，使画面具有一种节奏感和韵律感。图中最精彩的地方就是对托盘、持烛台、捧盒三位宫女的处理。三人分别正、侧、背呈类似三角形的站位，使得整个画面显得疏密有致，富于变化，而且让人物之间发生了互动，营造出一种情节氛围，从而增加了画面的韵味。画家还巧妙地采用了“霎时凝停”的神情来安排人物，似乎在她们的静止之中，还有徐步向前的倾向，有一种寓动于静、动静相生的美感。

身世凄凉的永泰公主

《宫女图》展现的是一幅精致闲适的宫廷生活场景，这与墓主人永泰公主跌宕的一生形成鲜明的对比。永泰公主名仙蕙，字秾辉，是唐高宗李治和武则天的孙女，唐中宗李显的第七个女儿。永泰公主出生时正值唐周政权交替之际，她自幼随父母谪居在偏僻的均州、房州，过着平民生活。在如此艰难的环境中，永泰公主仍出落得姿容秀丽，娴雅端庄，聪慧过人，深得中宗宠爱。圣历元年（公元698年），女皇武则天出于政治需求将李显一家召回，十四岁的李仙蕙随家人回到洛阳，结束了流放生活。久视元年（公元700年）受封永泰郡主，食邑一千五百户，并以郡主身份下嫁武则天的侄孙魏王武延基。婚后李仙蕙与武延基感情甚笃，然而这份幸福并不长久。大足元年（公元701年），年仅十七岁的永泰公主在洛阳殒命。神龙二年（公元706年），唐中宗李显追封其女永泰郡主为永泰公主，并将她与丈夫武延基的尸骨从洛阳迁回乾陵陪葬，并特恩以帝王等级下葬，给予“号墓为陵”的无上哀荣。

永泰公主的死因散见于正史中。《旧唐书》：“中宗为皇太子，太子男邵王重润及女弟永泰郡主窃言二张专政。易之诉于则天，付太子自鞫问处置，太子并自缢杀之。”《新唐书》：“永泰公主，以郡主下嫁武延基。大足中，忤张易之，为武后所杀。”“后既春秋高，易之兄弟专政，邵王重润与永泰郡主窃议，皆得罪缢死。”《资治通鉴》：“太后春秋高，政事多委张易之兄弟；邵王重润与其妹永泰郡主、主婿魏王武延基窃议其事。易之诉于太后，九月壬申，太后皆逼令自杀。”虽然史料中对永泰公主死因表述不尽相同，但都直指她的祖母武则天，这也是此前学术界所公认的。直到1960年永泰公主墓墓志的出土，才引发了学术界对永泰公主死因的讨论。墓志中有“珠胎毁月，怨十里之无香”的字句。有学者据杨雄《校猎赋》中“椎夜光之流离，剖明月之珠胎”一句，结合唐代颜师古注解“珠在蛤中，若怀妊然，故谓之胎也”，认为“珠胎毁月”喻指永泰公主难产而死。也有引志文中“琼萼凋春，忿双童之秘药”一句，认为永泰公主死于疾病。各种推测众说纷纭，尚无定论。

无论如何，本该锦衣玉食的大唐公主在最好的年华香消玉殒，令人唏嘘，身后哀荣再盛，也无法弥补她生前所受的苦难。然而，这座帝王级别的陵墓连同其所承载的历史价值和艺术价值，转化为后世永恒的精神财富。其墓中的《宫女图》让我们见识到唐代女性的绰约风姿，感受到唐代贵族生活的优雅精致，体会到唐人不遗余力追求美的社会心态，更感知到唐代自信、开放、包容、大气的时代风貌。正是在这种社会环境和氛围中，才孕育出唐代女性前所未有的张扬和自信，她们的思想、个性和自我价值得到了最大限度的彰显。这九位宫女身上所蕴藏的美，超越了时间和空间的界限，被永远地定格在历史的长河中。

【参考文献】

[1] 董理. 魅力独具的唐墓壁画[M]. 西安：陕西人民出版社，2006.

[2] 武伯纶. 唐永泰公主墓志铭[J]. 文物，1963(1)：59–62.

[3] 陕西省文物管理委员会. 唐永泰公主墓发掘简报[J]. 文物，1964(1)：7–33.

[4] 拜根兴，樊英峰. 永泰公主与永泰公主墓[M]. 西安：三秦出版社，2004.

拾肆

第十四章

唐代万国来朝的外交场面

——唐章怀太子墓壁画《客使图》

唐章怀太子墓壁画《客使图》（墓道东壁）

第十四章

唐代万国来朝的外交场面

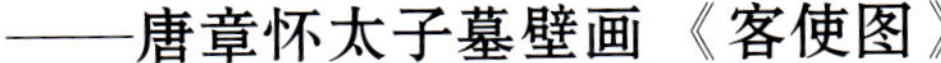
——唐章怀太子墓壁画《客使图》

大唐帝国的外交场面

在唐章怀太子墓的五十多组壁画当中，有一组壁画从最初被发现便成为众人关注的焦点。当考古学家首次进入章怀太子墓时，立刻就被这组色彩绚丽、气势恢宏、充满神秘色彩的壁画所吸引。自这组壁画出土以来，学术界围绕画中人物的身份、地位、国籍以及壁画所展现的场景和内涵展开了广泛而深入的讨论。这就是绘制在墓道东、西两壁的《客使图》。

《客使图》又称《礼宾图》，在章怀太子墓墓道中部的东、西壁上对称分布，均高185厘米，宽247厘米。两幅壁画上各绘制有六个人物。东壁《客使图》（见上页插图）中左起前三人均穿着初唐时期的朝服，面面相对呈三角形站立。他们头戴笼冠，身穿阔袖红袍，白裙曳地，腰系革带，手持笏板，足蹬歧头履，气度沉稳，神情肃穆，雍容自如。从他们的动作和神情来看，似乎正在商量事情。图中左起第四、五、六位均为异域使者的形象。左起第四位使者秃顶髡发，浓眉深目，高鼻阔嘴，身穿翻领紫袍，系白色腰带，脚穿黑靴，身体略向前倾，两手交叉置于胸前，呈洗耳恭听状。左起第五位使者面颊丰润，须眉清晰，小口朱唇，头戴尖状小冠帽，冠上插两只翎羽作为装饰，上身着白色宽袖短袍，领部与袍底镶红襟，下穿白色广口裤，腰束白带，足蹬黄靴。只见他两手置于袖中拱于胸前，神态谦恭，仿佛正向大唐官员禀奏着什么。左起第六位使者头戴翻耳皮帽，身穿圆领黄袍，腰束黑色革带，外披一件皮毛大氅，下穿黄色毛皮窄裤、尖头靴。他双手拱于袖中，站立在离其他人稍远的位置，似乎正在等待召唤吩咐。

壁画中这些人物的身份历来是学术界争论不休的话题。对于图（图14–1）中三位大唐官员的身份，目前的主流观点认为他们是唐代鸿胪寺的官员。鸿胪寺是唐代掌管四夷觐见和朝祭礼仪的部门。据《旧唐书•职官志》记载："鸿胪寺，卿一员，从三品。少卿二人，从四品上。卿之职，掌宾客及凶仪之事，领典客、司仪二署，以率其官属，供其职务。少卿为之贰。凡四方夷狄君长朝见者，辨其等位，以宾待之。"画面中左起前三位官员均身着红色朝服，据《新唐书•车服志》中"绯为四品之服，金带銙十一"的记载推测，他们很有可能是负责接待外国使节、安排觐见的鸿胪寺卿和少卿。

三位异域使者的国籍问题是学术界最具争议的话题。有学者认为图中左起第四位秃顶髡发的使者来自中亚地区或东罗马帝国。考究其发型和衣着，为东罗马使者的可能性较大。《旧唐书•西戎传》记载："拂菻国，一名大秦，在西海之上，东南与波斯接……风俗，男子翦发，披帔而右袒。"东罗马帝国在我国史籍中被称为拂菻或大秦。我国和大秦的交往最晚可追溯到汉代，《后汉书》有记载：汉桓帝时大秦安敦王曾遣使来汉，并敬献象

图14–1

牙、犀角、玳瑁等珍宝。魏晋南北朝时期我国和大秦也保持着密切的交流。到了唐代，大秦多次遣使朝贡与唐交好，使两国的关系发展到一个新的阶段。《旧唐书》中记载："贞观十七年，拂菻王波多力遣使献赤玻璃、绿金精等物，太宗降玺书答慰，赐以绫绮焉……不数月，又遣大德僧来朝贡。"可见，唐与大秦交往密切。

关于图中左起第五位着羽冠使者的国籍，中外学者纷纷提出了不同看法，其中具代表性的观点有"日本使者说""新罗使者说""渤海使者说"等。从现有史料和相关考古发现来看，他最有可能是新罗使者。画面中该使者的衣着服饰，与《旧唐书·高丽传》中"官之贵者，则青罗为冠，次以绯罗，插二鸟羽，及金银为饰，衫筒袖，裤大口，白韦带，黄韦履"的记载颇为吻合。使者头上插有羽饰的小尖冠，在朝鲜平安南道高句丽古坟"双楹冢"壁画（图14-2）和集安县通沟高句丽古坟"舞踊冢"壁画（图14-3）中也可觅得踪影。

图14-2

图14-3

图中最右边的使者身着皮毛制成的厚实衣帽，明显是来自寒冷的地方。学者们推测他可能是来自我国东北少数民族室韦族或靺鞨族的使者。

西壁《客使图》的内容、布局与东壁类似。图14-4（见下页）中右起前三位为大唐官员，他们均头戴幞头，身着红色圆领宽袖长袍。领头一位转身向后，后面两位双手执笏板拱于胸前，三人应是正在商议着什么事情。从他们的冠饰、服饰和笏板的样式来看，其官阶品级应低于东壁官员。有学者认为他们可能是鸿胪寺下辖典客署（掌管少数民族使者及外宾的朝贡、宴享、送迎等事宜）的典客令和典客丞。

图14–4

这三位大唐官员身后也跟随着三位异国使者。图中右起第四位使者宽圆脸，蓄髭须，辫发梳于脑后，身着圆领交衽窄袖黄袍，腰束带，上面系一短刀，足蹬黑靴，双手执笏板拱于胸前。一些学者比照《新唐书·高昌传》中“俗辫发垂后”以及《通典·高昌条》中“其人面貌类高丽，辫发施之于背”的记载，推测这位使者来自高昌。不过，近年来也有学者提出不同观点，认为他是突厥使者。紧随其后的使者头梳高髻，束发于脑后，身穿圆领窄袖黑色长袍，脚穿黑长靴，袖手而立。其面部非常有特点，前额、面颊、鼻梁和下颚均涂朱。据《新唐书·吐蕃传》中“衣率毡韦，以赭涂面为好”的记载，推测他是吐蕃使者。图中最左侧的使者稍远离人群，他身材魁梧高大，高鼻深目，蓄络腮胡，头发卷曲。头戴尖顶卷沿软帽，身穿大翻领胡服，脚穿黑靴，一手执笏板，一手甩于身后，仿佛正在向其他人走去。据其长相和衣着推测是大食使者。

两幅《客使图》体现出唐代画师高超的艺术水准和绘画水平，其画面优美，气势磅礴，极富表现力。在构图上布局有致，宾主分明，用遒劲洗练、疏密有致的线条，将不同人物刻画得生动传神，惟妙惟肖。六位大唐官员的从容大气、泰然自若与六位异域使臣的毕恭毕敬、忐忑不安形成鲜明对比，人物性格与心态跃然纸上。人们不禁要问这组壁画究竟描绘的是什么时候的场景呢？或许我们可以从唐章怀太子墓建造的背景中寻找到线索。

章怀太子李贤是唐高宗第六子，为武则天所生。上元二年（公元675年）被立为太子，并多次奉命监国，展现出极高的政治才能。后因触怒武则天被废为庶人。继又被贬往巴州。文明元年（公元684年），武则天派人逼其自尽。垂拱元年（公元685年），武则天下诏恢复李贤雍王爵位。神龙二年（公元706年），唐中宗李显复位后将李贤灵柩迎回长安，陪葬乾陵。景云二年（公元711年），唐睿宗李旦追加李贤皇太子身份，谥号“章怀”，使与其妃房氏合葬。

章怀太子墓位于乾陵东南约3000米处，与懿德太子墓、永泰公主墓合称“乾陵三大陪葬墓”。因李贤是以雍王身份下葬的，故“雍墓不称陵”，在等级、规模上低于懿德太子墓和永泰公主墓。地上有单层覆斗形封土，高约18米。封土南侧残存一对土阙和一对石羊。章怀太子墓由墓道、过洞、天井、甬道、前室和后室组成，全长71米。墓内共出土各类随葬品600余件，其中绝大多数为陶器，尤以三彩器为多。墓中共绘制50多组壁画，大部分保存完好，涉及仪仗出行、客使礼仪、宫女内侍、乐舞游戏等各类题材。墓内还出土“雍王墓志”和“章怀太子墓志”两块，其中“雍王墓志”为神龙二年（公元706年）由巴州迁回以雍王礼下葬时的墓志，“章怀太子墓志”为景云二年（公元711年）追封太子与其妃房氏合葬时的墓志。

章怀太子短暂的一生坎坷而悲惨。他有极高的执政才能和个人魅力，却被诬陷谋逆，沦为政治斗争的牺牲品。因此，唐中宗在迁葬过程中“遣使迎丧”，为哥哥举办盛大的仪式，意为其平反昭雪。这两幅《客使图》，很有可能表现的就是章怀太子迁葬乾陵时各国使者前来吊唁的场景。虽然也有学者提出这组壁画描绘的并非章怀太子的实际经历，不是一次确指的历史事件，但无论如何，这两幅

《客使图》无疑呈现了大唐帝国万国来朝的外交场面，让我们在一千多年之后仍能体会到那个伟大王朝的自信、强盛与开放。

开放包容的大国风范

唐代的中国是闻名世界的东方帝国，它以强盛的国力和独特的魅力，吸引着不同国家、不同民族、不同肤色的使者、宾客纷至沓来。唐王朝的外交版图随着陆上丝绸之路以及海上丝绸之路的不断延伸，东至日本，南至南亚诸国，北达回纥等部，向西一直延伸到地中海一带和北非诸国。长安作为唐王朝的帝都和丝绸之路的起点，是一座名副其实的国际化大都市。至今，我们仍可以从出土于陕西省西安市的胡人俑（如图14–5的三彩胡人俑，图14–6的白瓷胡人头）和异国货币（如图14–7的阿拉伯金币，图14–8的东罗马帝国金币，图14–9的高昌吉利铜钱，图14–10的日本“和同开珎”银币）中感受到唐都长安各国人民友好相处，各种文化并行不悖的和谐景象。

图14–5

图14–6

图14–7

图14–8

图14–9

图14–10

唐朝博大包容、兼容并蓄的时代风貌与其开明平等的外交政策是分不开的。据《资治通鉴》记载：贞观七年（公元633年），唐太宗欢宴群臣，席间突厥颉利可汗翩翩起舞，同时南越酋长冯智戴咏诗。唐太宗感慨道："胡越一家，自古未之有也。"唐太宗在论及自己成功的原因时也指出："自古皆贵中华，贱夷狄，朕独爱之如一。"可见以唐太宗为代表的唐代最高统治阶层的世界观是一种包括"胡越""夷狄"在内的大一统观念。这种胸怀和思想已经大大超越了秦汉以来的各种统一观念和帝王意识，上升为"天下一家"的观念。

在处理国际关系的问题上，唐朝统治者有着超越前代的气魄与远见。他们清楚地意识到，国力的强盛势必会激发统辖世界的野心。为了避免唐王朝走向无限制地追求领土扩张，干涉他国内政的歧途，魏征提出了著名的"偃革兴文，布德施惠，中国既安，远人自服"方针，主张在处理对外关系时采取审慎克制的态度，通过和亲、羁縻等非武力的形式，维系睦邻友好的外交环境，站在互利共赢的立场上处理国际关系。同时通过增强自身文化吸引力和凝聚力，达到"以文德绥海内"的目的。

盛世的唐朝犹如一个磁场，以其无与伦比的大国魅力吸引着世界各地的人们不远万里而来。不少国家的人民都把能够到长安学习、生活当成一种荣幸。与中国一衣带水的日本曾先后19次派遣使团来到唐朝，累计达数千人。随团前来的留学生、学问僧们如饥似渴地吸收着中国文化的给养，并带回日本，对日本的文明进程和社会发展产生了广泛而深刻的影响。新罗国入唐留学生的数量最多，其中不少人还考取了唐朝的进士，并在唐朝为官。萨珊王朝末代国王卑路斯在国家危难之时逃往长安向唐求援，最终在大唐度过余生。波斯人阿罗本带领景教教团来到长安，受到宰相房玄龄亲率仪仗相迎的礼遇，体现出唐王朝对异邦宗教的尊重和对两国关系的重视。大食曾派使者来访达37次，在长安生活的大食人或做官，或经商，这与大唐子民无异。

如今，随着这两幅《客使图》从幽暗中重见天日，再现世人眼前，也让我们领略到了那"绝域君长，皆来朝贡，九夷重译，相望于道"的盛世场景。

【参考文献】

[1] 王维坤. 唐章怀太子墓壁画《客使图》辨析[J]. 考古，1996(1)：65-74.

[2] 张红娟. 章怀太子墓东、西《客使图》场景分析——论接待朝官非鸿胪寺官员[J]. 文博，2014(2)：51-54.

[3] 王仁波，何修龄，单暐. 陕西唐墓壁画之研究(上)[J]. 文博，1984(1)：39-52.

[4] 云翔. 唐章怀太子墓壁画《客使图》中"日本使节"质疑[J]. 考古，1984(12)：1141-1144.

[5] 程旭. 章怀太子墓西壁《客使图》"高昌使者说"质疑[J]. 人文杂志，2011(6)：117-123.

[6] 陕西省博物馆，乾县文物局. 唐章怀太子墓发掘简报[J]. 文物，1972(7)：13-25.

第十五章

昔日马球运动的场面和风貌

——唐章怀太子墓壁画《马球图》

唐章怀太子墓壁画 《马球图》（部分）

第十五章

昔日马球运动的场面和风貌
——唐章怀太子墓壁画《马球图》

尘封地下的激烈比赛

现在一提到马球运动，人们普遍认为这是一种流行于欧美地区的高端体育运动。可是您知道吗？这项运动已经有上千年的历史了。在中国唐代，打马球更是风靡一世、极为盛行的体育运动。上自宫廷贵族，下至普通百姓，无论男女皆以此为乐。今天，从唐章怀太子墓壁画《马球图》中，我们仍可以真切地感受到唐人打马球的激烈场面。

《马球图》位于章怀太子墓墓道西壁，高229厘米，宽762厘米，描绘了唐代宫廷贵族日常生活中打马球的场景。壁画以山石、松柏为背景，表明这场球赛是在山岭郊外进行的。图中共有二十多位骑手，大致可分为三组。他们均头戴幞头，身穿窄袖长袍，足蹬黑靴，腰束革带。第一组人物是球队的五位先锋（图15-1，见下页），他们所穿衣服有深有浅，分成两队展开激烈角逐。为首的球手身体后仰，高举球杖，正要回身反手击球，红色的小球在他身后凌空飞旋。后面与他同穿深色球衣的球手一手持缰，一手高举球杖，策马驰骋，正赶着去接应队友。所骑马的四蹄腾空，可见速度之快。靠外侧的三骑除第一人因图像残损已不可见外，后面两名着浅色球衣的球手正疾驰向前，似乎打算从外侧包抄对手。第二组人物与第一组人物保持一定距离，排成一横行，正跨马伫立观望（图15-2）。他们或许是等待上场的候补队员，也可能是正在观赛的观众。最后一组人物散落于崇山峻岭之间，正风驰电掣般地奔赴球场（图15-3、图15-4、图15-5）。骑手们幞头上的飘带高高扬起，让人感受到他们飞奔的速度。

中国人对马球运动的热爱历经唐、宋、元、明而不衰。马球运动理所当然地

图15-1　图15-2

图15-3　图15-4　图15-5

成为文人墨客反复歌颂、吟咏的对象。唐代诗文中不乏有对马球运动精彩而传神的描写。章怀太子墓壁画《马球图》的面世，让我们直观地领略到昔日马球运动的场面和风貌，同时也印证、填补了文献记载的不足。马球运动所用之球称为鞠，在文学作品中常用“星”来代指，如“坚圆净滑一星流”“奔星乱下花场里”，形象地点明球的形态和其飞速运转的状态。壁画中所见马球呈红色，有如拳头大小。为了使马球在比赛中更易分辨，唐代人将球涂上颜色，因此诗文中有“金鞍更送彩球来”“飘摇佛画球”这样的描述。打马球所用的球杖也称鞠杖。从壁画中可以看出杖头呈弯钩状。诗文中将其形象地比喻为“月”，与“星”相对。“月杖争敲未拟休”“初月飞来画杖头”“星从月下流中场”皆指此。打马球所用马匹都是经过专门训练的良马，知“斡旋行止”，能“不鞭蹄自疾”。仔细观察可以发现，画中马的尾巴均扎结起来。这种做法来源于军马，是为了让马在争抢时不会相互影响，并且方便球手背身马后击球。

这幅《马球图》向我们展示出唐代马球比赛的激烈程度和球手高超的技术水平。马球运动是一项竞技性和速度感非常强的运动，要求马和球手都具有过硬的体能素质，经得起强烈的对抗和冲撞。一名出色的马球手必须具备全面而高超的技术。他需要熟练掌握骑术，既能单手策马驰骋，又能瞬间回旋自如。在击球时，需要根据形势综合运用点、敲、击、勾等多种技巧。壁画中为首的球手既能在马背上保持平衡，又能转身反手击球，展现出难度极高的背打技术，正应了唐诗中“牵缰绝尾施新巧，背打星毬一点飞”的描写。同时，马球运动还是一项非常讲究团队合作的运动，注重队友之间的攻守配合和战术运用。《马球图》中为首五骑有的传球，有的接应，有的包抄拦截，各司其职，配合默契，展现出唐代马球“人人不约心自一，马马不鞭蹄有疾”的独特魅力。

《马球图》不仅是研究唐代马球运动的重要实物资料，而且具有极高的艺术价值，它向人们展示了唐代画师高超的艺术造诣。画面整体上采用一种鸟瞰式的散点透视法，通过一种大视角、全景式的描绘，将驱马突击的五位球手、跨马观战的观众和远处策马奔腾的数人合理安排在一幅画面中，布局详略得当、疏密有致。在局部的构图上，画家巧妙地将山石、树木等景物与人物交错排列，形成一种动静相成、错落有致的韵律感。

风靡唐代的全民运动

马球，又称波罗球，是一项古老的体育运动。马球运动的起源一直是学术界争论的焦点，目前主要有三种观点。第一种是波斯起源说。20世纪30年代，向达先生在《长安打毬小考》中首次提出马球运动起源于波斯，后向西传至君士坦丁堡，向东传至中亚地区，在初唐时期传入我国，进而传入朝鲜、日本。第二种是吐蕃起源说。这种观点最初是由美籍德国人劳佛尔提出的，他通过词源学的研究，认为马球的英文polo一词源于藏语；阴法鲁、徐寿彭、王尧等学者也结合语言学和历史文献论证了此观点。第三种是我国本土起源说。这种观点是20世纪50年代由我国体育界人士提出的，认为早在东汉时期中原地区就出现了马球这项运动。曹植《名都篇》中就有“连翩击鞠壤”的描述。诗句中“击鞠”是否指打马球尚有疑问，不足以作为力证。但2012年在江苏省徐州市睢宁县巨山村发现了6块画像砖（图15–6为其中两方画像砖拓片），上面刻有打马球的图案。这几方画像砖由当地百姓拾获，用来垒砌圈棚，因而缺乏确凿的年代信息，但有研究者表示，从材质、图像、工艺各方面进行鉴定，应系东汉时期的画像砖无疑。如是，则为此说增添了有力的实物证据。

图15–6

无论马球运动起源于何时何地，它在唐代兴盛至极则无疑。这首先要归功于统治阶级对这项运动的推崇。据《封氏闻见证》中记载：唐太宗听闻吐蕃人善打马球，技术高超，常派人向他们学习，唐太宗自己也常常观看球赛。唐玄宗不仅是狂热的球迷，更是技艺精湛的球手，其水平让吐蕃高手都刮目相看。唐中宗景龙四年（公元710年），金城公主下嫁吐蕃王，吐蕃派出庞大的使团来长安迎亲。双方举行了一场盛大的马球大赛。比赛一开始，“精擅国技”的吐蕃队先拔头筹，令唐朝宫廷队大失颜面。在这关键时刻，由当时还是临淄王的李隆基、嗣虢王李邕以及驸马杨慎交、武延秀四人披挂上阵，以少敌多，对抗吐蕃队十人。比赛局势瞬间逆转，只见他们“东西驱突，风回电激，所向无前”，尤其是年轻骁勇的李隆基“若猛虎下山，出入于无人之境”。最终唐朝宫廷队打败了以马球为

“国技”的吐蕃，取得了胜利。

唐宣宗李忱的球技数一数二，发明了很多高难度的击球动作，据《唐语林》中描述：他打球时“每持鞠杖，乘势奔跃，运鞠于空中，连击至数百，而马驰不止，迅若流电。二军老手，咸服其能。”唐僖宗李儇也是打马球的高手，《资治通鉴》中记载：他曾很自负地对身边的人说，“朕若参加击球进士科考试，肯定能中状元。”

由于统治者的大力推崇，唐代马球运动在达官贵族、文人、军队甚至民间也蔚然成风。当时不仅皇宫的清思殿、中和殿、麟德殿、大明宫、兴庆宫等多处有马球场，高官显贵也在自己的府宅附近兴建马球场。唐中宗时，驸马杨慎交宅邸在靖恭坊，他在坊西侧的空地上建有规模颇大的私家马球场。为了让球场更为平滑，他竟不惜以油浇地整修球场，何其奢侈。在显贵们的墓葬陪葬品中也有与马球有关的器物。图15–7、图15–8为陕西省西安市长安区南里王村韦泂（唐中宗韦后之弟）墓中出土的两件陶打马球俑。文人儒生们也喜好打马球，常常举办“鞠会”。唐中宗时新科进士会聚集在曲江月灯阁举办马球会，以示庆祝。据五代王保定《慈恩寺题名游赏赋咏杂纪》中记载：乾符四年（公元877年）的新科进士刘覃“驰骤击拂,风驱雷逝”，居然击败了军队中的马球名将，可见文人中也不乏马球高手。唐代的军队将打马球作为训练和演习的内容，通过马球比赛来增强士兵们策马驾驭的技术，锻炼反应能力并培养团队合作精神。唐代诗人张建封《酬韩校书愈打球歌》中“不能无事习蛇矛，闲就平场学使马。军中伎痒骁智材，竞驰骏逸随我来。护军对引相向去，风呼月旋朋先开。”及诗人张祜《观宋州田大夫打球》中“白马顿红缨，梢球紫袖轻。晓冰蹄下裂，寒瓦杖头鸣。叉手胶粘去，分鬃线道絣。”都是军中盛行打马球的真实写照。当时市井游侠少年最时髦的事，便是在坊隙街巷或郊野之中打马球，李白诗中就有“君不见淮南

图15–7

图15–8

少年游侠客，白日球猎夜拥掷”的描写。

在唐代打马球不光是男子的运动，连女子也都参与其中。内廷宫人常以打马球作为消遣娱乐。与男子打马球的激烈、迅猛相比，女性打马球更多地体现出一分轻巧，一分柔美。“自教宫娥学打球，玉鞍初跨柳腰柔”，女子勒缰策马，手持球杖，奔驰在球场之上，妩媚中透出几分英气，飒爽中更有一丝婀娜。为了方便女性打马球，常用身材矮小、性格温驯的驴代替马，使其更易乘骑驾驭。《旧唐书》中记载：唐代宗时剑南节度使郭英乂常聚集一众女伎骑着装饰华丽的驴打球，以此为乐，每日花费数万不止。可见，唐代无论是宫廷仕女还是乐坊女伎，都参与到这项活动当中，很多唐代文物上都能看到女子打马球的形象。1958年，陕西省西安市一座唐墓中出土了一组五件彩绘女子打马球陶俑，她们有的身着翻领胡服，有的穿着半臂襦裙，骑着白朱二色宝马分两队进行比赛。虽然女子手中木质鞠杖已经腐朽不存，但她们策马打球的身姿却依旧栩栩如生地展现在人们眼前（图15-9）。

图15-9

章怀太子墓壁画《马球图》在让我们感受到唐代马球比赛的激烈和精彩以及人们对马球运动的热爱和痴迷的同时，更让我们体会到唐代崇尚竞争、崇尚力量的社会心态和积极健康、昂扬向上的时代精神。

【参考文献】

[1] 唱婉，陈楠. 新见东汉打马球画像砖分析[J]. 社会科学战线，2012（11）：95-97.

[2] 向达. 唐代长安与西域文明[M]. 石家庄：河北教育出版社，2001.

[3] 阴法鲁. 唐代西藏马球戏传入长安[J]. 历史研究，1959（6）：41-43.

[4] 徐寿彭，王尧. 唐代马球考略——藏族人民在体育上的贡献[J]. 中央民族学院学报，1982（2）：92-94.

[5] 陕西省博物馆，乾县文教局. 唐章怀太子墓发掘简报[J]. 文物，1972（7）：13-25.

[6] 董理. 魅力独具的唐墓壁画[M]. 西安：陕西人民出版社，2006.

第十六章 五代耀州窑的杰作

——青釉提梁倒注壶

青釉提梁倒注壶

第十六章

五代耀州窑的杰作
——青釉提梁倒注壶

我国的瓷器烧造史源远流长，其源头可以追溯到商代的原始瓷。经过秦、汉、魏、晋历代的积淀，我国制瓷业在初唐时期达到了新的高峰，并以空前的速度和规模在全国范围内广泛传播。在我国制瓷业漫长的发展过程中，诞生了一些诸如倒注壶、公道杯、转心瓶等集实用性、趣味性、科技性为一体的器物。珍藏于陕西历史博物馆的这件青釉提梁倒注壶（见上页插图）便是此中翘楚。

工致于巧　内藏玄机

青釉提梁倒注壶高18.3厘米，腹径14.3厘米，腹深12厘米，底径7.5厘米。胎质坚硬细腻，呈灰白色，通体施青绿釉，釉层均一，光泽莹润。壶体分为壶身、壶盖、提梁、壶嘴、圈足几部分。壶身呈球形，装饰一周华丽馥郁的蔓草缠枝牡丹纹样，下腹部近圈足处饰一圈仰莲瓣纹。壶身与壶盖之间装饰一周连珠纹和一周锯齿纹，过渡自然。一条提梁从壶盖中心延伸而出与壶身相连。提梁的造型为一只双目圆睁、翘首欲飞的凤凰（图16-1，见下页），极富动感。壶嘴雕刻成子母狮形象，母狮张口回首侧卧，一只小狮正蜷卧在母狮身旁，专注而安逸地吮吸着乳汁（图16-2）。

这件青釉提梁倒注壶的器形相当别致。壶体浑圆饱满。壶盖模拟层叠柿蒂的形状，整体造型恰如一枚陕西地区常见的嘉果——柿子（图16-3）。柿子是我国民间传统的装饰图案。唐《酉阳杂俎》中有载，柿有“七绝”：一多寿，二多阴，三无鸟巢，四无虫蠹，五霜叶可玩，六佳实可啖，七落叶肥大，可以临书。柿子自古就是多寿、嘉美的象征。又因其谐音“事”，取“事事平安”“事事如意”“事事有余”之意，充满吉祥喜庆的寓意。提梁处的凤凰是传说中的神鸟，是“百鸟之王”。古人认为逢太平盛世便“有凤来仪”，因此，凤凰也是祥瑞、和美的征兆。绚烂的牡丹花在壶腹绽放，牡丹有“百花之王”的美誉，代表着富贵吉祥。壶嘴处的狮子为“百兽之王”，这种动物原产于西亚和北非，是沿丝绸之路传入我国的外来物种。自唐代开始，狮子的造型常出现在金银器、三彩器当中，成为从贵族到民间喜闻乐见的装饰图案。“百鸟之王”“百花之王”“百兽之王”聚集在一件器物之上，实属罕见，因此，这件青釉提梁倒注壶又被称为“三王壶”。在壶身与壶盖之间以及提梁处均饰有连珠纹，这种纹饰是古波

图16-1

图16-2

图16-3

斯萨珊王朝最为流行的花纹，经由丝绸之路传入我国。壶腹部的莲瓣纹与起源于古印度的佛教有着千丝万缕的渊源。小小一件倒注壶，凝聚了如此丰富的文化元素，其中既有中国本土的，又有异域舶来的；既有根植民间的，又有源于宗教的；既装载着人们对吉祥和美的质朴希望，又凝结了设计者独树一帜的睿智巧思，称得上是“汇东西之萃，聚八方之美”的人间珍宝。

仔细观察可以发现，青釉提梁倒注壶的壶盖和壶身是连为一体的。那么，这件壶在使用时是如何注入液体的呢？原来，在壶的底部中心有一个五瓣梅花孔（图16-4），小孔与壶内中央的一根空心管相连。结合倒注壶原理示意图（图16-5），我们可以看到，注入液体时将壶倒置，从小孔注入。当所注液体从壶嘴溢出时，表明已注至极限，而空心管恰好起到分隔的作用，使液体在壶内形成一个类似“U”形的连通结构。当壶正置时，壶内的液体分布于空心管两侧，液面不高于空心管的顶端，这就保证了壶内液体不会从底部小孔中流出。这一精妙的设计，实际上是利用了“液体静止时连通器各部分液面相平（同种液体）”的物理学原理。在一千多年以前，我国的工匠们就已经能够理解这一原理并将其应用到瓷器的设计当中，不得不令人叹服。

图16-4

图16-5

这件青釉提梁倒注壶于1968年出土于陕西省咸阳市彬县。1982年，时任陕西省考古研究所研究员、耀州窑遗址发掘者之一、常年从事耀州窑研究工作的禚振西先生将这件青釉提梁倒注壶鉴定为宋代耀州窑出品。20世纪90年代，国家文物鉴定委员会在陕西确认一级文物时，文物专家将这件青釉提梁倒注壶确认为五代耀州窑瓷，并将其评定为一级甲等，即俗称的“国宝级”文物。

从现有的考古资料来看，像倒注壶这种设计精巧、结构独特、科技含量高的器物在唐代已经出现。郑州博物馆馆藏的一件唐代白釉倒装瓷壶（图16–6），造型圆润古朴，整体近似葫芦状，壶盖与壶身浑然一体，没有明显区隔。壶肩部两侧分别有柄和流，壶底部中央有注水小孔，与壶内的空心管相连。这件白釉倒装瓷壶是目前所见的年代最早的倒注壶实物。至五代时，耀州窑成为烧制倒注壶的主力。耀州窑遗址中出土了多件五代时期的倒注壶残器，分为青瓷和黑瓷两类。这件青釉提梁倒注壶是出土的五代耀州瓷倒注壶中品相最好的一件。五代之后，倒注壶逐渐流行，宋、辽、金、元、明、清历代均有倒注壶出土或传世，如辽宁省博物馆馆藏的辽末白瓷褐彩鸡头提梁倒装壶（图16–7）和金白釉黑花葫芦形倒流壶（图16–8），河北省邯郸市博物馆馆藏的明黑玳瑁釉倒装壶（图16–9）等。清代倒注壶的发展达到顶峰，数量最多，造型最丰富，所用材质也不局限于陶瓷，亦有锡器、紫砂器等。故宫博物院就收藏有一件桃式倒流锡壶（图16–10），形如一枚仙桃，壶柄和流化作桃枝桃叶状，非常生动自然。

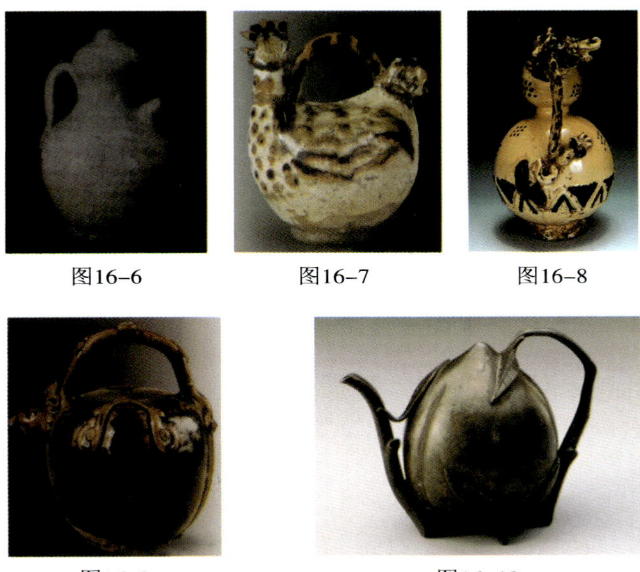

图16–6 图16–7 图16–8

图16–9 图16–10

倒注壶这种器形的出现，最早应是出于实用考虑，壶盖和壶身连为一体的封闭结构便于外出携带，可以避免携带时因晃动导致壶内液体溢出。发展到后期，倒注壶逐渐突破了传统提梁壶的形式，而以模拟动植物和人物形象为主。造型生动奇巧的倒注壶不仅能增添宴饮时的乐趣，更成为文人雅士收藏、把玩的珍品。

耀州名窑　青瓷珍品

说起青釉提梁倒注壶，就不得不提到烧制它的窑场——耀州窑。耀州窑位于今陕西省铜川市黄堡镇，地理上属于渭北高原南麓的漆水河流域。优越的自然环境、丰富的瓷土资源、高超的工艺技术，使得耀州窑成为历史上我国北方持续时间最长、烧制品种最丰富、影响力最大的窑系之一。

耀州窑创烧于唐代。当时窑场所在地隶属同官县黄堡镇，因此，学术界根据考古学的命名规范，将唐、五代时期的耀州窑称为“黄堡窑”。唐代早期、中期的黄堡窑主要烧制黑釉、白釉、青釉、黄釉、茶叶末釉、花釉等高温釉瓷以及三彩、琉璃等低温釉陶，其种类之多样，造型之丰富，国内少见。晚唐时期，青瓷数量明显上升，逐渐成为黄堡窑的主流产品，显露出后世耀州窑以别具一格的青瓷闻名于世之先声。

在我国，南方瓷业发展早，以烧制青瓷为主，越窑（窑址在今浙江省余姚市上林湖一带，此地古属越州，故名）、寿州窑（窑址在安徽省淮南市上窑镇等地，此地方属寿州，故名）、龙泉窑（窑址在今浙江省龙泉市）等名窑林立，工艺技术业已成熟。北方瓷业虽创建较晚，但在青瓷之外独辟蹊径，探索出一条以烧制白瓷为主的发展道路，以邢窑（窑址主要在河北省邢台市内丘县，此地古属邢州，故名）、定窑（窑址在河北省保定市曲阳县一带，此地古属定州，故名）为代表的白瓷“类银类雪”，质量上乘。南北方瓷业齐头并进，百花齐放，形成了“南青北白”的发展格局。黄堡窑作为一个创烧晚、缺乏经验、偏居一隅的地方民窑，从一开始就善于学习、勇于探索，这对其日后的成功起到了决定性作用。初创的黄堡窑广泛烧制各类釉瓷，在不断地尝试与探索中，逐渐对当地的原料特征、窑区环境有了清楚而科学的认识。黄堡窑当地瓷土含铁量较高，烧出的白瓷色浊浑杂，质量不佳。于是黄堡窑打破“南青北白”的固有格局，选择了一条扬长避短、适合自身特点的发展道路，即通过工艺技术的革新来弥补原料的缺陷，主攻青瓷烧制。

然而黄堡窑烧制青瓷的道路也并不是一帆风顺的。早期的黄堡窑烧制的青瓷质地粗糙，釉色褐黄，造型笨拙，处处显现出初创时的粗陋之气。青瓷烧制早有珠玉在前，江浙一带瓷土原料高硅、低铝、低铁，使用龙窑（陶瓷窑炉的一种，依一定坡度建筑，以斜卧似龙而得名）烧制，有烧造高质量青瓷的天然优势。而黄堡窑瓷土原料高铝、低硅、高铁，惯用馒头窑（陶瓷窑炉的一种，火膛和窑室合为一个馒头形而得名）。如何在原料成分和窑炉结构截然不同的西北地区烧制出质量上乘的青瓷呢？工匠们展开了艰苦卓绝地探索。他们一方面向越窑学习工艺技术，汲取经验；另一方面结合本地窑场的实际条件，因地制宜地不断革新生产技术，从而使黄堡窑青瓷在中晚唐时期已有显著突破，虽尚难与越窑相比，但已成为北方青瓷的一面旗帜。

至五代时，黄堡窑青瓷分为黑胎青瓷和白胎青瓷两类，其中白胎青瓷的选料颇为讲究，瓷土经过淘洗除杂，质地相当精细。以这种胚料制成的瓷胎颜色洁白纯净，无须再施化妆土便可直接上釉。青釉之中亦有天青、粉青、青绿等，釉质莹润光洁，玻璃感强，有细密开片。器物造型从唐代金银器中汲取灵感，多花口器、多曲器。如海棠青瓷碗，造型仿金银器中的花口碗，宛若一朵盛开的海棠，花瓣的弧度塑造得非常规整，器壁极薄，灯下观之宛若透明。在五代黄堡窑遗址中出土了16件“官”字款碗和盘的残件，均为釉色纯正、工艺精湛、质量上乘的高档青瓷，说明当时黄堡窑很可能为宫廷或官府烧制贡瓷，已经能和越窑分庭抗礼了。

自宋代以来，黄堡窑所在的同官县为耀州管辖，且瓷器风格与唐、五代有较大差异。为示区别，从宋代开始，黄堡窑改称耀州窑。北宋时，耀州窑进入鼎盛时期，形成“十里窑场”的宏大规模，这得益于工艺技术上的全面革新。首先，耀州窑开创性地使用煤炭作为烧瓷燃料，这在我国乃至世界陶瓷烧造史上都是一项意义重大的创举。同官县蕴含着非常丰富的煤炭资源，且煤的碳分多、灰分少、热能高、质量好。用煤炭代替柴草作为烧瓷燃料，实现了大规模批量生产，大大提高了生产力。其次，耀州窑在胚料加工方面也有很大的改进和提高。瓷土经过风干、拣选、风化、粉碎、淘洗、除铁、沉淀、陈腐等几十道复杂工序之后，方能成为精细度高、可塑性强的优质胚料。这一系列复杂而完备的制料工艺、流程与现代胚料的制备相比，除了没有电动化以外，几乎完全相同。这样的工艺流程在宋代就已出现实在是令人叹服。

瓷器是“土与火的艺术”，其质量很大程度上取决于烧制环节。宋代耀州窑的烧制技术已经达到了炉火纯青的程度。工匠们创造了多种多样的窑具以解决烧造中遇到的难题。比如薄胎器物采用匣钵装烧的方式，一器一匣，避免器物在高温之下形变破损或相互粘连。器坯与匣钵之间、匣钵与窑床之间均采用垫具支烧，这样做既能增加瓷器的稳定性，又有利于窑内火焰流通，使得釉色均匀。工匠们还适时地改进了窑炉结构，在北方传统馒头窑的基础上增设了搁置煤炭的炉栅和地下通风道，有利于控制窑温和窑内进风量，使产品质量更加稳定。这种新型结构的窑炉很快在全国其他窑场推广开来，成为耀州窑对中国陶瓷烧造工艺的一大贡献。

宋代耀州青瓷莹润光洁的质感同样离不开高超的釉料加工工艺。工匠们根据原料性质的不同，对瓷土、药碱等软质原料和石灰石、料姜石等坚硬的矿物原料分别进行处理和研磨，经过反复试验，确定出合适的比例进行调配，使得最终的釉料细腻均匀、流动性适中，避免了流釉、堆釉现象，釉质玻璃感强，胎釉结合紧密。在上釉时，视器型的不同采用浸釉、荡釉、刷釉、浇釉等不同工艺，使每一件器物都能够呈现出完美的效果。

与五代青瓷的清新雅致相比，宋代耀州青瓷呈现出沉稳大气的风格，釉色以橄榄青为主，给人庄重沉郁之感。瓷胎一律为白胎，其精细程度可谓历代之最。器物造型已经摆脱对金银器的单纯模仿，创造出多种装饰技法和装饰纹饰，形成了独具一格的产品特色，并且出现了梅瓶、油灯、熏炉等实用器物，种类异常丰富。时人对宋代耀州青瓷颇多赞誉，陆游的《老学庵笔记》中有“耀州青瓷器谓之越器，以其类余姚秘色也”的记载。越窑秘色瓷是青瓷中的极品，耀州青瓷被给予“越器”“类秘”的评价，表明了宋人对耀州青瓷的高度赞赏。耀州窑“德应侯”碑（我国现存年代最早的窑神庙碑，碑文记载宋熙宁年间耀州太守阎公奏封德应侯一事，亦记载耀州窑的发展史、烧制工艺等）中形容当时的耀州青瓷“巧如范金，精比琢玉”“击其声，铿铿如也，视其色，温温如也”，精确地描述了宋代耀州青瓷的真实形象。

北宋灭亡后，耀州窑所在地被宋金交错占领。由于战乱影响，耀州窑不复昔日辉煌，但与北方地区其他窑场相比，仍保持着一定的生产规模和较高的技术水平，依然以烧制青瓷为主。金代耀州青瓷具有釉色青翠，造型简洁大方，转向实用、质朴的风格。月白釉瓷是金代耀州窑的一大特色，釉色白中隐青，光泽含蓄，釉层肥厚，质感如玉。金代晚期耀州窑以烧制姜黄釉青瓷为主，成为耀州窑的又一代表性产品。

元代前期耀州窑以烧制刻花、印花姜黄釉青瓷为主，但此时耀州窑已明显呈衰落之势。元代后期，黑瓷产量不断扩大，耀州窑又一度呈现出多元化发展局面。受战乱影响，地处南北交通要道的众窑场纷纷向山区迁移。陈炉、上店、立地坡三大窑场应运崛起，承袭耀州瓷脉，并博采各地窑场之长，为耀州窑系的发展和壮大注入了新鲜的血液。

明代，陈炉窑以其丰富的坩土、煤炭资源，成为耀州窑最主要的窑场，也是我国北方最为重要的瓷器生产基地。陈炉窑的产品风格发生了明显转变，民窑特色愈为浓厚。此时，耀州窑传统的青瓷不复多见，转向生产胎体厚重、形体简练的白瓷、黑瓷和白地黑花瓷。从此，色彩对比鲜明，画风质朴豪放的白地黑花瓷取代了青瓷的主导地位，成为陈炉窑的代表产品。

清代，陈炉窑在继承传统制瓷技艺的基础上又有了新的发展，创烧了香黄釉瓷以及黄白、黑白复色釉瓷等特色品种。清代晚期到民国初期则出现了具有当地特色且广受民众青睐的青花瓷，装饰各类富有民间色彩的文字题款，丰富了陈炉窑的内涵。

扬名世界　中国名片

耀州窑自唐代初创以来，历经多朝而不衰，这在我国乃至世界陶瓷史上都是一个奇迹。耀州窑从一座普通民窑，一跃成为我国北方最重要的窑系，其延续时间之长、烧造种类之多、产品质量之高，令人折服。

耀州青瓷不唯受到上自皇室贵族、下至市井百姓的广泛欢迎，而且远销海外，成为唐末至宋金时期中国外销瓷的主要商品。从现有的考古资料来看，东至朝鲜半岛、日本，西至西亚、北非的广阔区域内均有耀州青瓷的身影。东亚地区，在日本的京都、博多、太宰府、贺佐等地均出土过耀州青瓷的残片。朝鲜半岛在20世纪20年代曾出土过多件保存完整、制作精良的耀州青瓷执壶与温碗。韩国国立博物馆收藏有多件唐末至金代时期的耀州青瓷。西亚地区，位于阿拉伯半岛的阿曼苏丹国地处印度洋和波斯湾的交界地带，是古代国际贸易的重要中转站，在这里曾经出土过宋代输出的耀州青瓷残片。北非地区的埃及作为沟通东西方文明的中枢地带，在古代东西方贸易上有着举足轻重的地位。在这里曾出土过大量的中国外销瓷残片，其中就有宋代耀州窑出品的刻花和印花青瓷。在坦桑尼亚的宫殿、寺院遗址中也曾出土过质量上乘的耀州窑印花青瓷碗，这说明宋代耀州窑产品不仅已远销非洲，而且为当地的贵族阶级所钟爱，成为身份地位的象征。

唐朝初年，朝廷筹划治理西北，将南北朝以来因战乱阻断的陆上丝绸之路重新贯通，并形成了覆盖天山南北的密集路网。随着我国造船、航海技术的发展，从唐中期开始，海上丝绸之路日益蓬勃兴盛，成为我国对外贸易交流的主要通道。这样的交通条件为国际大规模的商品运输创造了极大便利。从中晚唐时期开始，我国的瓷器开始作为贸易商品大量输出海外。陶瓷这种易碎商品主要依靠海陆运输。在扬州、泉州等古港口遗址中均出土过唐宋时期的耀州青瓷。据此推测，耀州窑的外销瓷应该是先运抵长安，在此集散中转，经由内河航运至东南沿海诸港口，再由此沿海上丝绸之路或东渡日本，或西行至西亚、北非，进而南下东非海岸。此外，在新疆的丝绸之路古遗址中，曾经发现了耀州青瓷的残片。这或许说明，耀州青瓷也曾沿陆上丝绸之路销往域外。

实际上，身处西北内陆的耀州窑并不具备地理上的优势。可以想见，在没有现代化交通工具的古代，想要将脆弱易碎的瓷制品辗转运至东南沿海，进而销往海外，必定是困难重重，损耗颇大，成本不赀。然而，耀州瓷却能脱颖而出，一跃成为五代至金初中国外销瓷之首，这正是由耀州瓷精湛娴熟的烧制工艺、别具一格的装饰艺术和一贯上乘的产品质量所决定的。更难得的是，耀州窑在“先天不足”的情况下，通过不断的技术创新和发明创造，最终烧制出一流的青瓷，栖身名窑之列。它首创的多项新技术、新工艺被其他窑场学习、借鉴，推动了我国制瓷业的整体发展。

千百年来，在渭北高原的漆水河畔，一代代的耀州窑工匠将饱含激情的生命、勇于创新的智慧投身于这十里窑场，使平凡的泥土通过烈火的淬炼，升华为举世瞩目、传承千年的艺术杰作。这一件件精美的瓷器，或通过扬帆远行的航船，或通过不绝于道的商队，沿丝绸之路传播至万里之外，它们化身为中国的文化名片，为全世界所知。

【参考文献】

[1] 杜文. 倒装壶源流考述[J]. 收藏家，2005(11)：40-44.

[2] 陕西省考古研究所，耀州窑博物馆. 宋代耀州窑址[M]. 北京：文物出版社，1998.

[3] 禚振西. 中国古代北方青瓷的代表——耀州窑——在首届耀州窑学术讨论会上的讲话[J]. 文博，1996(3)：10-13.

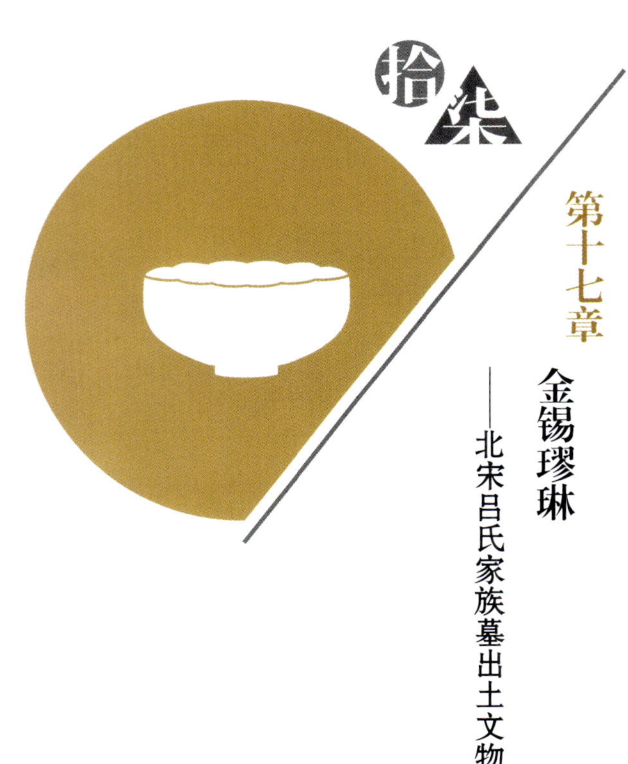

拾柒

第十七章 金锡璆琳

——北宋吕氏家族墓出土文物

青釉刻花银扣花口钵

第十七章

金锡璆琳

——北宋吕氏家族墓出土文物

2006年1月，陕西省西安市公安局破获了一起特大盗掘古墓案，查缴了大批文物。其中有西周乳钉纹铜簋、战国鱼虎纹铜盖鼎、汉朱雀铜熏炉、三国重列式神兽章纹铜镜、唐鎏金錾花铜匜、北宋政和元年铭歙砚、菊瓣形双龙纹白石盘、螺杯盏、单耳石杯、执壶、“湖州照子”铭铜镜以及宋代耀州窑的青釉刻花花口瓶、青釉刻花银扣花口钵、青釉金银扣瓷盏托、蚌雕围棋子等器物。部分宋代以前的铜器有宋刻铭文和墨书题记。以青釉刻花银扣花口钵为代表的青釉金银扣瓷器等均为首次发现。经陕西省文物鉴定组初步鉴定，这批文物中国家一级文物3件、二级文物11件（组）、三级文物49件（组）。

根据现场勘查和对犯罪嫌疑人的审讯，警方与文物部门确定，这批被盗文物出自陕西省西安市蓝田县三里镇乡五里头村北宋名臣吕氏四兄弟（吕大忠、吕大防、吕大钧、吕大临）的家族墓群。经过一年多的调查、勘探、测绘和资料汇总研究，2008年6月，陕西省考古研究院与西安市文物保护考古所联合组队对被盗古墓葬进行抢救性发掘。历经18个月，田野考古发掘工作基本结束。发现了一座家族墓园，共清理北宋墓葬29座，出土文物665件（组）。此外，还勘探出吕氏家族用于祭祀先祖的家庙遗址一处。

蓝田吕氏　书香世家

根据文献记载，宋代的关中蓝田吕氏属名门望族，影响颇大。吕氏先祖原为汲郡（今河南省卫辉市西南）人。吕氏兄弟祖父吕通曾任太常博士，因为葬在蓝田，吕氏后代遂移居蓝田。其父吕蕡曾任兵部郎中，吕氏兄弟四人：大忠、大防、大钧和大临皆聪慧好学，均在北宋朝廷任职，《宋史》中均有传记，四人被并称为“蓝田吕氏四贤”。

北宋一朝，英才蔚起，名臣硕儒，项背相望。然而一门之中，以功名显著、道德彰名、学术闻世，如吕大忠、吕大防、吕大钧、吕大临四兄弟皆贤者，则实属罕见。吕氏兄弟四人中，吕大忠字晋伯（或进伯），皇祐年间（公元1049年至1054年）进士，曾任工部郎中、陕西转运副使等职，官至宝文阁直学士。任陕西转运副使期间，吕大忠于元祐二年（公元1087年）移《石台孝经》等碑石于“府学之北墉”,即现在的西安碑林，形成了西安碑林的雏形。吕大防字微仲，皇祐元年（公元1049年）进士，元祐年间（公元1086年至1094年）官至尚书左仆射（相当于宰相），封汲郡公，主持元祐政坛八年，与范纯仁、刘挚等一同废除王安石新法。吕大钧字和叔，嘉祐二年（公元1057年）进士，曾任凤翔寻监船务官、鄜延路转运司副使等职。他和“关学”（理学开创阶段的重要学派之一。因其创始人张载家居关中，且从学弟子多为关中人，故后人称张载开创的学派为关学）的创始人张载为同科进士，因张载学识渊博，他第一个拜张载为师，推动了关学的发展，是关学的代表性人物之一。吕大临字与叔，早年与其两个兄长吕大忠、吕大钧一样投张载门下求学。张载去世之后，他前往洛阳拜程颐为师，广采众长，博览群书。在当时众多的“二程”（程颢和程颐）门人中，吕大临以其渊博的学识与谢良佐、游酢、杨时三人一起被称为“程门四先生”。南宋时朱熹曾说：“于程子门人中最取吕大临。”吕大临不但是当时著名的理学家，还是我国最早的金石学家。

“四吕”的著述宏富，有《前汉论》《辋川集》《奏议》《吕氏乡约》《乡仪》《吕氏易章句》《芸阁礼记解》《大学解》《吕与叔论语解》等，在理学、史学、金石学、文学等方面都有突出表现，部分著作还有开创之功，对当时以及后世的文化学术发展都有重要影响。

金银扣器　彰显地位

蓝田吕氏在北宋显赫一时，其家族墓出土物必定不凡，特别是其中出土的大量金银扣瓷器让我们领略到了其家族在当时社会中的崇高地位。

金银扣工艺，是指以金、银等贵金属（也有用铜、锡等金属）良好的延展性，通过捶打使金、银塑型成需要的形状再装饰在器物口沿上的工艺。金银扣工艺出现较早，早在汉代就已发现用金、银等金属在漆器、玉器或象牙器的口部加装扣饰的器物（图17–1为出土于广东省广州市西汉南越王墓的金扣象牙卮）。这一时期的金银扣器，其金银扣工艺除了对器物起到耐磨加固的作用外，主要是装饰意义和身份等级的象征。

金银扣工艺使用在瓷器上则出现的较晚，目前考古发现主要是唐代以后的遗物。这与瓷器本身的特征也有关，瓷器烧成的温度高，本身就很坚固致密，不像

图17–1

漆器、象牙器等需要通过金银扣加固。同时，瓷器上有釉，也不怕日常使用的磨损，所以瓷器上添加金银扣的需求比较少。宋代瓷器上添加金银扣的初衷主要还与宋代的著名瓷窑定窑的烧造工艺有关。

据南宋人叶寘的《垣斋笔衡》中记载："本朝以定州白磁器有芒，不堪用，遂命汝州造青窑器，故河北、唐、邓、耀州悉有之，汝窑为魁。"这里说的"定州白磁器"就是指北宋时期北方地区生产白瓷最重要的窑厂定窑所烧制的白瓷。定窑瓷器有"芒"，所谓"芒"主要是指"芒口"，即瓷器的口沿部分刮釉露胎的迹象。唐宋时期大部分的瓷器都是采用仰烧法，即底足朝下口沿朝上的装烧方式，采取这种烧法的瓷器因为只有底足部分与装烧的匣钵接触，为了防止粘连只要底足不施釉即可，这样烧出来的瓷器除底足无釉其余通体施釉，方便使用，但缺点是装烧时浪费窑炉内的空间，不利于增加产量。定窑为了增加产量发明了覆烧法。所谓覆烧法是指将碗盘等器皿反扣着焙烧的方法，采取这种装烧方法时由于器物口沿接触匣钵，为了避免粘连，就要将口沿的釉刮去，漏出瓷胎，如此一来烧出的器物自然没有口沿有釉的器物用起来温润、光滑，但好处是增加了产量降低了成本。

定窑瓷器有芒口的缺陷令当时的豪贵之家感到美中不足，于是为了克服这种缺陷，也就催生了以金、银等金属给定窑瓷器的芒口上加扣的做法，这样一方面避免了定窑有芒口的不足，也增加了瓷器的美感。但是普通富贵人家只能使用铜、锡等金属为瓷器加扣，金银扣便成为身份等级的标志。图17–2为收藏于故宫博物院的宋代定窑铜扣白釉印花菊凤纹盘。

图17–2

而蓝田吕氏家族墓中出土的金银扣瓷器主要是耀州窑的青瓷，比如青釉金扣葵口碗（图17–3），高约6.2厘米，口径约14.3厘米，碗口镶金扣，呈五曲葵口，深弧腹，内底微凹，圈足高直，足底刮釉露青灰色胎，内外施青釉，釉色莹润，釉厚有开片。从它的胎釉特征来看是典型的北宋耀州窑的精品。还有青釉刻花银扣花口钵（图17–4），高约8厘米，口径约17厘米，十二曲葵口镶银扣，深弧腹，内凹底，卧足无釉，内壁、内底刻折枝牡丹纹，外壁剔刻浅浮雕缠枝牡丹纹，纹饰流畅，釉色明亮，是耀州窑刻花的杰作。

图17–3

图17–4

有趣的是，耀州窑在北宋时期的烧造工艺中是没有覆烧法的，也就是说北宋的耀州瓷并不存在“芒口”的问题，从实用的角度不存在施加金银扣的必要。这一点还可以从吕氏家族墓出土的耀州窑青釉刻花渣斗（图17–5）得以证实。渣斗是当时贵族吃饭或饮茶时用来丢弃食余垃圾或茶叶的器皿。从这件渣斗的口沿部分我们还可以清晰地看到原来包镶的金银扣脱落之后残留的白色痕迹，同时也可以清晰地看到耀州窑瓷器的口沿是施釉的，并没有芒口的瑕疵（图17–6）。那么吕氏家族墓中出土的青釉金银扣瓷器施加金银扣的缘由是什么呢？

图17–5

图17–6

北宋虽然是我国历史上为数不多的商品

经济繁荣发展的时期，商路畅达、商品流通不滞，但作为封建王朝，那些最顶尖的产品仍然首先作为贡品进奉给北宋皇室。这些贡品除了供皇室使用外，还会作为封赏赐给有功重臣或是作为国礼赠予他国。蓝田吕氏家族出土的这批青釉金银扣瓷器，无论造型、工艺、制作水准均是目前所见的耀州窑的顶级产品，它们应当是当年耀州窑进贡皇室的贡品，之后由宫廷作坊为其加金银扣再赏赐给了吕家，更大的可能应该是赏赐给了元祐年间重臣官至尚书左仆射的汲郡公吕大防。由此也可见吕氏一门在北宋时期的辉煌与荣光。

图17–7

图17–8

儒学泰斗　金石大家

在蓝田吕氏家族墓中还出土了许多宋代之前的器物，比如西周乳丁纹铜簋（图17–7）、战国鱼虎纹铜盖鼎（图17–8）、汉朱雀铜熏炉（图17–9）、唐鎏金錾花铜匜（图17–10）等。那么，蓝田吕氏收藏这些前代器物是什么用途呢？

图17–9

图17–10

在吕氏兄弟中说到对当时政坛的影响无过于吕大防，但如果说到学术成就和对后世的影响则要首推吕大临了，也就不得不提吕大临的传世著作《考古图》。

《考古图》一书是由吕大临著述的金石学图录，全书共十卷，成书于元祐七年（公元1092年）。该书比较系统地著录了当时宫廷和私家收藏的古代铜器、玉器、石器等。吕大临对收录的每件器物都精细地摹绘图形、款识，记录尺寸、容量、重量等，并尽可能地注明出土地和收藏处。能查阅、观摩、记录北宋宫廷与私人收藏，这与吕大临的大儒身份以及吕氏家族的影响力是分不开的。《考古图》中所记录器物的出土地可考者计九十余处，其中半数以上出自陕西各地，而且在编排上吕大临注意到了器物之间相互的共存关系。如卷三中“得之于河南河清”的“单弜癸彝（卣）”，同时附录了一起出土的鼎、觚、簋、盉、甗五器。此外，吕大临还根据器物的形制、文字和出土地对器物的年代进行了推断。如卷一中的“乙鼎”，即根据其“形制文字及所从得”，推定为商器等。尽管从今天的考古发现看，吕大临所定器名、时代，仍有商榷之处，但《考古图》的学术价值不容置疑，是我国现存最早有系统的古器物图录，在著录古器物的体例上具有开创性的功绩。今天博物馆编撰文物图录仍然延续着吕大临《考古图》的许多体例和编撰方式。由此可见吕大临《考古图》的影响深远绵长。

然而，因吕大临《考古图》的巨大影响使他在很大程度上遮蔽了其理学大师的首要身份，也往往使人对他及其代表的北宋古器物学的研究目的产生了误解。

中国自古有尊古尚古的传统，对古代遗留器物特别是夏、商、周三代的钟、鼎等尤为重视。这些青铜器的发现被视为昭示政通人和的祥瑞。在宋代以前，夏、商、周三代青铜器虽偶有发现却并没有在社会上形成搜寻古器并加以研究著录的传统，直到宋代理学的兴起。宋代理学是宋人对汉代以后整个中国文化发展的全面反省。理学研究者认为儒学的正统是先秦的孔孟之道，汉代以来以解经为传统的经学是对孔孟儒学的错误理解，因此要使儒学得到复兴，必须跳过汉代以来的经学传统，直接传承孔子、孟子的先秦儒家思想。同时，宋代理学继承了孔子“克己复礼”的思想，把备受孔子尊崇的夏、商、周三代，特别是周代作为礼制的理想社会，并以“恢复礼制，复古三代”作为自己的目标。正是在这种思想的指引下，宋代理学研究者希望通过研究夏、商、周三代遗留的大量青铜器，特别是青铜器上的铭文，来了解夏、商、周三代的礼制，这才产生了宋代以金石学为核心的古器物学。

可以说，以欧阳修、吕大临、赵明诚等为代表的宋代儒学家从未把自己所从事的对青铜器的收集与研究当作单独或独立的学问看待。吕大临所从事的对青铜器的收集与研究完全是为其倡导和践行的“明礼教、恢复三代礼制”的理学宗旨和古代礼制研究服务的，是其理学研究的组成部分。他们研究古器物，并不是为了收藏把玩，而是为了理解、吸取古代思想文化的精髓，探求古代社会变化发展的轨迹，补经传之缺失，改正诸儒之谬误，并供后学者做参考的。

当然，“复古三代”并不是说要让一切返回到夏、商、周时期，而是宋代儒学家面对唐末五代以来的社会动荡，从儒家的角度，以复兴礼制为旗帜，对儒学理论和社会现实两方面面临的问题与挑战所进行的创造性回应。所以，发端于宋代以金石学为核心的古器物学是宋代复古思潮和儒学研究的派生物、副产品。

金石考古　源流有别

吕大临是无可争议的金石学大家，这是从后代金石学的角度对吕大临的肯定。那么他是否能称得上中国考古学的鼻祖呢？这就要涉及金石学与考古学两个学科的差别。金石学形成于北宋时期，是以古代青铜器和石刻碑碣为主要研究对象的一门学科，偏重于著录和考证文字资料，以达到证经补史的目的。而考古学则是近代由西方传入的学科，是通过发掘和调查古代人类的遗迹、遗物来研究古代社会的一门科学。它们之间有相似点，比如都是以古代的人类历史活动遗留物为研究对象，它们的研究都增进了人们对古代历史的了解等。但两者之间的差异更大，可以分为以下几个方面。

首先，研究对象有广、狭之分。金石学的研究对象主要是我国历史上遗留下来的带有铭文的青铜器和历代碑刻。清代与民国时期的金石学虽然已经开始关注没有铭文的器物，但其仍然是以对有古代文字遗留的器物研究为主要方向。而考古学的研究对象要广泛得多，包括了所有人类遗留的物质遗存（时间下限依具体的国家不同而有所差异）。

其次，研究方法迥然不同。金石学的研究方法主要是对古文字学与文献学的考证方法，而考古学的两大支柱研究方法分别是来源于地质学的地层学方法和来源于生物学的类型学方法。

最后，也是最重要的是研究目的有显著差别。如我们之前所说的，金石学在我国古代一直是儒学的附庸，其目的是证经补史，改正诸儒之谬误，发展与完善儒学的。而考古学则是为了通过发掘和调查古代人类的遗迹、遗物来研究古代社会。两者之间在此存在着根本性的差异。虽然近代以来受到西方考古学影响后许多金石学家利用金石学的研究对象与研究方法结合考古学的研究方法在古史研究与考古研究领域做出了众多重要成果，但因研究目的的改变，所以更接近考古学中的一个研究领域，而非原来的金石学了。

随着吕氏家族墓的发掘让北宋书香世家高门深院中的生活一下子浮现在了今人的面前。那些典雅奢华的金银扣青瓷中仿佛还映照着衣冠博带微醺的面容，刻花渣斗里的茶屑也余温未尽。我们似乎可以目睹这些风流人物在茂密的桐阴下或赏玩古鼎，或研磨为文，或斗茶饮酒，或吟诗啸傲畅叙兄弟之情。

【参考文献】

[1] 程旭，师小群. 北宋吕氏家族墓被盗 追缴包金镶银青瓷引发轰动[J]. 收藏家，2006(4)：35-36.

[2] 陕西省考古研究院. 陕西蓝田县五里头北宋吕氏家族墓地[J]. 考古，2010(8)：46-52.

[3] 李如冰. 宋代蓝田四吕著述考[J]. 古籍整理研究学刊，2010(5)：93-100.

[4] 陕西历史博物馆. 金锡璆琳——蓝田吕氏家族墓地出土文物[M]. 西安：三秦出版社，2013.

[5] 陕西省考古研究院，陕西历史博物馆，北京大学考古文博学院等. 异世同调——陕西蓝田吕氏家族墓地出土文物[M]. 北京：中华书局，2013.

[6] 陕西历史博物馆. 吕大临与关学及《考古图》[J]. 文博，2007(6)：59-61.

第十八章 古丝绸之路起点上悠久、灿烂的古代文明

陕西历史博物馆

第十八章

古丝绸之路起点上悠久、灿烂的古代文明

长安，煌煌哉文明，巍巍哉帝都，昊昊哉胜域，丝路始起，千载浩荡。古代王朝统治者就是从这里出发，试图与其他国家进行沟通、接触的。丝绸之路自开通起，就成为古代中国与西亚、中亚及欧洲多国进行政治、文化、经济往来的重要通道。

丝绸之路的繁荣体现在中国古代社会生活的方方面面。随着丝绸之路沿线的墓葬、遗址及珍贵文物的不断被发现，这条交通要道的历史原貌及文化内涵如一幅长卷绚丽地展现在我们面前，被发掘的多件出土于陕西的文物正是这幅长卷起点上文明交流印记的见证。它们向我们多维度、多层面地展示了古丝绸之路起点上悠久、灿烂的古代文明。

政治经济方面

唐代帝国的繁荣、强盛及其开放的外交政策吸引了大批胡人沿着丝绸之路来华生活。当时久居唐朝的胡人在大唐文化中感受到尊重和包容，并受到唐文化的深厚影响。他们说汉话，写汉字，欣然接受、学习中国本土文化。唐代产生了许多优秀的胡人诗人及大名鼎鼎的军事将领，如在唐宣宗时考中进士的大食人李彦升、唐末五代的波斯诗人李珣、任定远将军的粟特人安菩、任右屯卫将军的波斯人阿罗憾、任右骁卫将军的突厥首领阿史那忠等。《资治通鉴》中也有记载："其余酋长至者，皆拜将军中郎将，布列朝廷，五品已上百余人，殆与朝士相半，因而人居长安者近万家。"

出土于陕西省西安市的三彩胡人文官俑（图18–1），通体施绿、白、褐釉，以褐釉为主。所塑人物高鼻深目，温文尔雅，头戴笼冠，双耳较大，身着黄绿相间的阔袖长领衫，腰系博带，足蹬云头履，右手呈握拳状。据推测手中原持有东西，极有可能为笏板。大量出土的胡人形象陶俑见证了当时胡人在唐朝政治生活中的参与程度。

大唐王朝除了与外国建立了广泛的政治文化交往，经济往来也非常频繁。当时在长安城中外郭城的东西两侧分别设置有两个贸易集市——东市和西市，它们是主要商业区，也是国内外贸易的重要场所。不断出土的各国钱币就是这段商业繁盛期的最好证明。

图18–1

1970年出土于陕西省西安市何家村唐代窖藏的波斯库思老二世银币（图18–2为银币正、背面），正面为波斯帝国萨珊王朝第22代君主库思老二世的右侧半身像。国王头戴王冠，冠顶有翼翅和雉形饰物。国王像的周围有两圈连珠纹外框，框外上下左右边缘各有新月抱星的纹饰。银币的背面中央有点状的火焰纹饰和祆教圣火祭坛，手持长剑的两名祭司站立于祭坛两侧。祭司的两侧分别刻有纪年和铸造地点的铭文，周围铸有三圈连

图18–2

珠纹外框，框外饰有新月抱星纹样。

萨珊王朝的货币在中国境内被发现始于公元20世纪，发现地点多达40多处，主要出土于丝绸之路沿线和唐长安城以及东都洛阳附近，总数约2000枚，尤其以波斯库思老二世的银币出土数量最多，近600枚。

位于欧亚大陆之间的西亚古国波斯，是东西方文化交流及商贸往来的重要枢纽和桥梁。随着丝绸之路的开通，波斯和大唐的交往更加频繁，曾先后多次派遣使者来到长安，长期留居长安的波斯人多达数千人。他们大多从事频繁的商业活动，长安西市还专门设有供波斯商人居住的旅店和存放货物的货栈。

文化艺术方面

中原地区在汉代便开始盛行西域胡文化风潮。到了唐代，西域文化的影响更为广泛，上自贵族，下至百姓都热衷于西域文化时尚。当时唐代的人们纷纷穿胡服，学胡俗，食胡饼，听胡音。西域的歌舞与绘画艺术对盛唐特有的歌舞艺术的形成与发展起着举足轻重的作用。在唐代著名的《十部乐》中，西域乐就有六部，即《天竺乐》《龟兹乐》《疏勒乐》《康国乐》《安国乐》《高昌乐》。

绘制于唐代开元、天宝年间的高级宦官苏思勖墓葬中墓室东壁的《乐舞图》，全长约410厘米、高约147厘米。由于画面篇幅巨大，揭取时按照内容将全幅画面分割为三个部分（图18-3）。这幅唐墓壁画反映了盛唐时期高官贵族的行乐生

图18-3

活，直观地再现了当时流行的乐舞风貌，是我们研究唐代乐舞、认识唐代文化艺术水平的珍贵实物资料。

《乐舞图》正中绘制的是一位正在起舞的男性胡人舞者。他深目、高鼻、络腮胡，头戴白色尖顶胡帽，身穿圆领长袖衫，腰系黑色腰带，足蹬黄色靴子，在暗黄色地毯上右手叉腰、左手高举，扭腰摆胯，仰身回顾，做旋转的舞姿。画面左侧是一组六人乐队，分为前后两排，前排坐着的三人，分别手持琵琶、笙和铜钹，后排站立的三人，一人吹横笛、一人拍板、另外一人左臂前伸似乎在伴唱。画面右侧是另一组由五人组成的乐队，也分前后两排，前排坐在地毯上的三个人分别手持筚篥、筝、箜篌，后排站立着的两人，一人吹排箫、一人伸着右臂似乎在与左侧乐队伸臂的成员呼应高歌。乐队成员都是男性，他们头戴圆顶黑幞头，上身穿圆领长衫，腰系黑带，颧骨上涂有淡红色。这幅《乐舞图》表现了盛唐时期乐舞表演的欢乐场面，那舞者跳跃旋转，乐者繁弦急管，唱者引吭高歌，紧扣旋律，整个画面高潮迭起，气氛欢快。

从《乐舞图》上人物所处的位置、姿势、神情分析，应是歌、舞、乐相配，即在乐曲的伴奏下，载歌载舞。这不仅是唐代乐舞的表现形式，也是古代西域乐舞的一个突出特征。唐代的民族舞蹈大致分为健舞和软舞两类，前者敏捷刚健，后者优美婉转。健舞主要受少数民族乐舞影响较大，有的直接由外国传入，有的则糅合了传统武术的动作编排而成。今天确知源于西域的健舞为胡腾、胡旋、拓枝三种舞，都于唐玄宗时期在长安盛行。据史料记载：胡腾舞为男性舞，胡旋舞为女性舞，拓枝舞为女童舞。胡腾舞起源于西域的拓支国，后逐渐传入中原地区。这幅《乐舞图》中舞者的形象在很多地方与胡腾舞的历史记载相吻合，舞者极有可能是拓支国人。胡腾舞者作为整个画面的主角位于整个画面的中央，两边的乐队起到了烘托的作用。乐队成员皆似汉人模样，所持的九种乐器中，既有西域传入中原的胡乐乐器，如琵琶、铜钹、横笛、筚篥和箜篌，还有汉族的乐器，如笙、拍板、筝和排箫。胡、汉民族的舞者、歌者和乐手同台演出，真实再现了唐代各民族之间友好交往、和睦相处的场景，反映了不同文化艺术的交流与融合。

1970年陕西省西安市何家村唐代窖藏中出土的大量集合古代东西方艺术风格的文物，是丝绸之路研究史上的一次重要发现。

在这些令世人惊叹的宝藏中，鎏金仕女狩猎纹八瓣银杯（图18-4）是中西文化互相交融的一件典型器物。银杯呈八曲葵口，口沿处錾刻一周连珠纹，背腹上部以柳叶条作界分为八瓣，下腹捶揲出内凹外凸的八瓣仰莲以承托杯身，每瓣内饰一朵忍冬花，近圈足处饰一周荷花。杯底焊接着饰有四组两两相应莲瓣纹的八棱形圈足，足边同样錾刻一周连珠纹。在口沿下一侧焊接有多曲三角形指垫，指垫上凸起的圆片上刻着一只鹿，圆片周围饰有简单的花枝。指垫下焊接着外侧饰有连珠纹的环柄，环柄下端还有勾尾。银杯上的四幅狩猎图与四幅仕女游乐图通过人物各种不同的神态和活动场面，像屏风画似的相间着一幅幅展现出来。银杯的内底处以水波纹为底衬，中间錾刻出摩羯头和三条长尾、口边有两条长须的鱼，凹陷的八瓣内相间地刻着四组鎏金的山岳纹饰（图18-5）。摩羯是印度神话中的一种海兽，被认为是河水之精、生命之本，常见于印度的雕塑、绘画艺术中。东汉时期，随着佛教传入我国，摩羯纹也开始在我国的石窟和金银器中出现。

鎏金仕女狩猎纹八瓣银杯的形制是唐代典型的八曲葵口和环底碗形，指垫上的鹿与环柄吸收了粟特银器的特点，内底的摩羯纹饰受印度文化的影响，狩猎图中的猎人是突厥人的形象，仕女游乐又是盛唐时期绘画的典型题材。这件银杯体

图18-4

图18-5

现了东西文化的交流与融合，是一件精美至极的艺术品。

唐代铜镜在战国及汉代铜镜发展的基础上达到了中国铜镜发展史上的第三个高峰。与之前的铜镜相比，唐代铜镜富丽堂皇、大气厚重，在铸造造型、工艺、纹饰、内容及用途等方面都有不少改变及突破。从形制上来看，唐代铜镜除了圆形以外，还有菱花形和葵花形等不同形状。主题纹饰上也发生了明显变化，以花鸟、花卉为主题的纹饰逐步取代了自战国、汉代以来占据镜背的各种异兽纹样，出现了很多反映当时人们日常生活的内容元素，这些元素中很多都是中原地区以前所未有，而是随着丝绸之路传入的。而这些元素与中原本土文化经过能工巧匠的完美融合后，使唐代铜镜的观赏性大幅度提升，成为当时风靡一时的高级工艺品。据记载，唐玄宗李隆基每年在他生日那天会赏赐大臣铜镜。由此，民间百姓也竞相效仿，纷纷将铜镜作为礼物相互赠送。在众多精致的唐代铜镜中，最典型的当属海兽葡萄铜镜。

海兽葡萄镜又叫瑞兽葡萄镜。这类铜镜流行于唐高宗、武则天及唐玄宗开元时期，多为圆形，少量呈方形或菱花形。出土于陕西省汉中市西乡县的这枚海兽葡萄镜（图18–6，见下页），用今天的审美眼光欣赏依旧大气精致。高浮雕式的瑞兽和葡萄枝蔓构成了这枚铜镜的背面纹饰（图18–7，见下页），这里的瑞兽原型是狮子，是经过艺术再创作的特殊形象。这些形态各异的瑞兽穿梭嬉戏在葡萄藤间，显出一派生机盎然的景象。葡萄在汉代经丝绸之路传入长安并成为重要的物种资源。在民间，葡萄茂密的果实具有“多子和富贵”的美好寓意。来自外域的葡萄、瑞兽与中国传统的铜镜相结合、融汇，展现出唐代文化的蓬勃生机，这枚铜镜也被誉为“凝结欧亚大陆文明之镜”。

科学技术方面

中国古代的科学技术，曾遥遥领先于世界其他各国，四大发明中的造纸术、指南针、活字印刷术、火药及其他科学发明创造在世界科技发展史上产生了深远的影响。丝绸之路加速了古代中国与世界其他国家的沟通交往，同时也为科学技术的互相传播提供了渠道。

造纸术是中国古代四大发明之一，也是中华文明对人类文明做出的最卓越贡献之一。1957年在陕西省西安市东郊灞桥区发现了一座不晚于西汉时代的土室墓葬。考古学家发现在墓中一枚青铜镜下垫衬着植物纤维纸的残片。经过细心清理，最终整理出大大小小共80多片纸质残片，其中最大的一片长、宽各约10厘米，专家们将其命名为“灞桥纸”（图18-8）。

图18-6

图18-7

灞桥纸颜色呈暗黄色，纸张很薄，表面柔软，有一定强韧度。经考古学家鉴定，发现制作灞桥纸的原料主要由大麻纤维及少量的苎麻构成。这些纤维平均长度为0.1厘米，绝大多数纤维为不规则异向排列，同时还观察到被切断、打溃的帚化纤维。这说明灞桥纸的原料经历了切断、蒸煮、舂捣及抄造等处理过程。

图18-8

灞桥纸的发现意义重大，在学术界引起了强烈轰动。一直以来都把造纸术归功于东汉蔡伦，而根据与灞桥纸同时出土的各类文物推断，灞桥纸的出现应不晚于公元前118年。这样一来，造纸术的发明时间比之前认为是蔡伦发明的时间提前了两个世纪。东汉时期的蔡伦改进了造纸术，让造纸技术更容易操作。中国的造纸术通过丝绸之路西传，有力地推动了人类文明发展进程，使人类历史文明的传承和传播有了更经济实用的载体。

春秋战国时期，随着生产力水平的提升，青铜铸造工艺水平也不断提高，青铜器从彰显身份地位的象征器物和用于祭祀的礼器逐渐发展到生活化的器具。考古发现的这一时期大量的壶、尊、簋、盘、灯等器具，反映了青铜器生活化程度的显著提升。其中，铜灯的使用反映了当时人们掌握使用火的技术水平，是人类进入文明社会的标志之一。到汉代，铜灯的使用和制作技术又达到了一个新的顶峰。青铜灯种类繁多、造型多样，充分展现了我国古代手工艺人匠心独运的设计才智和开阔大气的审美情趣。

彩绘雁鱼铜灯（图18–9）于1985年出土于陕西省榆林市神木县店塔村西汉墓，通高54厘米，长33厘米，宽17厘米，是国家一级文物，造型十分别致。这件铜灯由雁头、雁体、灯盘和灯罩四部分组成，整个灯的形状是一只回首衔鱼的鸿雁。灯盘和灯罩可供使用者自由转动开合，这样不仅可以挡风，还可以调节灯光的照射角度和明暗度。最神奇的是，当时的人们在雁腹中盛满清水，灯油点亮后产生的油烟会顺着大雁颈部直接导入大雁腹中并溶于水中，从而起到减轻室内环境污染，净化空气的作用，体现了古代中国人的绿色环保理念。

图18–9

1957年，在陕西省西安市火车站附近的元代安西王府遗址发现了一个古代的“魔方”——幻方铁板。幻方铁板正面铸有36个阿拉伯数字（图18-10），从1到36组成一个数字方阵，无论横、竖还是对角相加，总和都是“111”。这种数字现象在当时人们看来神奇莫测，因此将它们深埋于房基之下，希望能起到辟邪消灾的作用。这件幻方铁板上的数字是真正的阿拉伯数字，而我们现在常用的阿拉伯数字实际是印度数字，由印度人发明后经阿拉伯地区被广泛传播，因此我们习惯称之为“阿拉伯数字”。

图18-10

在中世纪，信奉伊斯兰教的阿拉伯人就已经把幻方当作护身符。在中国古代社会，数学和数术的概念是并行存在的，并互相融合。数术是中国古代人运用数理机制，“推往知来”活动的思想和方法，在古人处理日常生活事务中都有体现。比如当一些重要建筑物奠基时，人们常在基地中埋藏一些避邪的器物，希望保佑这些建筑物平安稳固。

这件幻方铁板是我国数学史上应用阿拉伯数字最早的实物资料，也是公元13世纪东西方科技文化发展、融合的重要物证。

人文宗教方面

在丝绸之路融会贯通的影响下，我国古代的宗教及人文思想文化也变得更加多元化，并显现出旺盛的生命力。

2000年5月，考古学家对位于陕西省西安市未央区大明宫乡一座罕见的北周时期粟特贵族墓葬——安伽墓进行发掘。这座墓葬的主人生前担任“萨保”这一特殊职务。萨保是北周政府任命的管理来华贸易、定居的粟特人，并主持来华粟特人宗教祭祀活动的官员。这座墓葬为我们研究北周史，特别是北周时期旅居中国的粟特贵族的服饰、文化、生活习惯、宗教信仰以及丧葬习俗等方面提供了极为珍贵的资料。

图18-11中位于展柜前方的为安伽墓石门。石门上方的半圆形门额上浮雕表现的题材是粟特族信奉的拜火教（在中国则被称为祆教）祭祀仪式（图18-12）。

图18-11

安伽墓围屏石榻（图18-13）内侧浮雕共刻有十二幅画面，部分画面上贴有金箔装饰，是我国目前发现最为精美生动的反映粟特贵族生活起居的实物证明。这十二副精美的浮雕图案反映了墓主人对外交往、宗教祭祀、娱乐宴饮及其家人生活的种种场景，画面精美生动，艺术地再现了当时粟特贵族旅居中国的生活景象。榻作为坐具，在我国汉代以前已经出现。围屏石榻正是在榻与屏风的发展和结合中产生的。它作为葬具使用是北周时旅居中国的粟特人特有的葬俗。在这座特殊的墓葬中，考古学家还发现了一个独特的现象，那就是逐渐汉化的粟特拜火教教徒的葬俗。安伽墓使用了长斜坡墓道、多天井砖室墓的汉人葬制并使用墓志，这是中亚粟特拜火教教徒不可能采用的葬俗，而是在华生活的粟特人在葬俗上汉化的表现。

图18-12

图18-13

佛教也是经丝绸之路传入我国，并

广泛地传播开来。魏晋南北朝时期政权更迭频繁，老百姓饱受连年战乱之苦，希望在宗教中寻求心灵慰藉。各统治阶级就大力提倡佛教，并将佛教作为一种阶级统治工具，这促进了佛教的广泛传播和佛教文化的大力发展，同时为后世留下了许多佛教的石窟和造像。

图18–14为一尊造于北魏时期的鎏金弥勒铜像。铜像保留着典型的印度犍陀罗艺术风格，与我们熟知的弥勒佛形象相去甚远。弥勒在佛教中只是菩萨名。据佛典记载：弥勒出生在古印度的一个婆罗门（祭司贵族）家庭，后来跟随释迦牟尼学习教义，成为其弟子。弥勒修炼成道后，先于释迦牟尼灭度，上升到六欲天中的第四重天“兜率天”讲经说法。释迦牟尼曾经预言，弥勒将继承自己的佛位成为未来佛，也就是释迦牟尼的法定接班人，因此他也被称为弥勒佛。佛教最初传入我国时，弥勒佛的形象非常庄严肃穆、超脱凡尘，具有印度苦行僧的形象特点。后来弥勒佛的形象逐渐中国化，成了深受人们喜爱的大胖和尚形象。

图18–14

镇墓俑及镇墓兽是我国古代墓葬中特别设置的一类随葬器。古人认为会有鬼怪危害死者的灵魂，而放置镇墓俑、镇墓兽的主要目的就是为了震慑鬼怪、保护死者灵魂不受侵扰。《周礼》中记载：有一种怪物叫魍象，喜食死人肝脑。还有一种神兽叫方相氏，是魍象的天敌，能够驱逐魍象。使用镇墓俑及镇墓兽的习俗，就与“方相氏”的传说有关。镇墓俑的形象各有不同。天王俑这类镇墓俑是佛教传播的产物，它借鉴佛教护法神天王像的体貌特征而塑造，最早出现在武则天时代。在唐代，两件天王俑通常与两件镇墓兽对称放置在墓门两侧，与十二生肖俑一起被称为“四神十二时”，用于辟邪及保护墓主人亡灵平安，反映出古人崇信鬼神的观念和社会风气。

唐三彩的烧制是唐代陶瓷业最杰出的一项成就，是我国陶瓷史上极为重要且特殊的组成部分，主要作为陪葬品放置墓中以彰显死者尊贵的身份和地位。出土于陕西省西安市西郊中堡村唐墓的三彩天王俑（图18-15）通体以蓝、褐、白三色釉为主，釉色鲜艳明亮。天王气宇轩昂，神态严峻，双眉紧蹙，两眼圆睁，张嘴露齿，一手叉腰，一手握拳，身着明光甲，腹部带有护甲，腰中系带，腰下垂膝裙，下缚吊腿，左腿直立，右腿微曲，稳稳地踏在象征邪恶的小鬼身上。

图18-15

三彩器物有“以蓝为贵”之说。这件三彩天王俑身上涂有的大片蓝色染料是钴料，这种原料在唐代主要通过丝绸之路从西亚等地进口，由于产量稀少，价格十分昂贵。这件三彩天王俑的样式造型、釉色图案都与丝绸之路有着千丝万缕的联系，也是中外宗教文化碰撞融合的结晶。

军事方面

马在四千多年前就被人类驯养，是人类最熟知的家畜之一，在劳动、交通、战争中所起的作用远远大于其他动物。在古今中外的战争史上，马都是不可或缺的重要工具。古代中国是一个典型的农业国家，本土马品种不佳、体型矮小，远远不能满足社会经济发展和战争的需要。汉代张骞出使西域后，汉武帝就决心引进西域良马来改善骑兵落后的局面。先是从乌孙得到“伊犁马”，又从大宛获得“汗血马”。从汉武帝时代开始，大宛汗血马作为贡品由西域国家向汉朝入贡。汉朝用这些域外马改良了本土马的品种，从而装备了汉代的骑兵队伍，大大提高了战斗力。

1965年在陕西省咸阳市杨家湾汉墓的陪葬坑中出土了大量的汉代彩绘兵马俑

（图18-16、图18-17、图18-18、图18-19为其中一部分），有步兵俑1965件，骑兵俑583件，盾牌模型410件，指挥车1辆。这座汉墓位于汉高祖刘邦长陵以东约4千米，根据对主墓的发掘情况来看，应属西汉初期，是刘邦长陵的陪葬墓之一。西汉初期的帝陵东侧是贵族及大臣的陪葬区，此处在古代被称为“周氏坡”，考古学家推断墓主人可能是西汉丞相周勃。汉代兵马俑与秦代兵马俑在体积及军阵分布等方面有着明显的不同。杨家湾兵马俑的体积只有秦兵马俑的三分之一，骑兵俑都骑在陶马上，骑兵与步兵方阵被分别放置在不同的俑坑里。骑兵组成了六个方队，有甲骑和轻骑两类，这表明当时骑兵已经作为一个独立兵种存在了。杨家湾兵马俑军阵应是西汉中央精锐部队出征时的真实写照。

图18-16

图18-17

图18-18

汉代之后中国陷入了长期分裂割据的阶段。在当时的战争中，骑兵已经成为主要的战斗兵种之一。战争中如何有效地保护战场上的战马，进一步发挥骑兵战斗力成为首要问题。通过“甲骑具装”（即骑兵和战马都披有铠甲装备），能有效地保护骑兵和战马的安全。这种装备是由匈奴、鲜卑等草原游牧民族带

图18-19

入中原地区的，它的制造和使用极有可能是汲取了安息民族兵马装备的特点。

出土于陕西省咸阳市渭城区胡家沟侯义墓的骑马武士俑（图18-20、图18-21为其中两件）是西魏时期的陪葬品。这些武士身着高圆领紧身衣及长裤，头戴盔帽，一手持缰绳，一手作持长柄武器状，面相有明显的北方草原民族特点。再看这些战马有着蒙古马的一些特征，均全身披甲。甲马形象一般常见于石窟寺壁画、墓葬壁画或墓葬画像砖上，墓葬中出土的类似殉葬品很少。这些骑马武士俑的出土填补了这方面的空白。

图18-20

图18-21

唐代引进和培育了许多优良马种，如阿拉伯马、吉尔吉斯马、伊兰马等。这些良马大多是通过丝绸之路与周边国家和少数民族地区的绢马贸易或朝贡贸易所得，被统称为胡马或蕃马。唐马汲取了域外良马的优良特点，始终保持着强劲的战斗力。

唐代墓葬出土的大量三彩马

的艺术造型比例精确、丰满浑厚，雕塑线条流畅、神态写实、手法洗练明快。图18-22这件唐三彩三花马俑，头小、臀圆、腿长，是典型的良马体格。所谓三花马是指马鬃经精心修剪后形成三缕堞垛状的鬃毛（图18-23）。用“三花”来装饰马，是唐代宫廷和贵族间流行的时尚，也是不同等级良马的标志。唐太宗陵前的“昭陵六骏”，马鬃都被修饰成“三花”样式。考古学家推测，唐代马鬃剪花的习惯可能是受突厥的影响，由于突厥和唐王朝关系密切，他们通过进贡及贸易等方式，将优良品种的良马和马鬃剪花的习俗都传入了当时的长安。

图18-22

图18-23

今天，我们用优美的文字和祖先留下的珍贵历史遗存再次朝圣这条人类文明之路，回忆往昔的峥嵘岁月，讲述在历史长河中的种种过往，令人不禁为之感叹动容。当历史的指针走到今天，中国依然屹立在世界东方，正以一个大国的担当、包容和开放的姿态，用实际行动向全世界人民展示着博大精深的中华文明和对世界和平发展的积极实践。

【参考文献】

[1] 赵荣. 人文陕西[M]. 西安：陕西旅游出版社，2010.

[2] 孙机. 中国古代物质文化[M]. 北京：中华书局，2014.

[3] 刘潇. 从胡俑看胡人在唐朝的生活[J]. 乾陵文化研究，2008(00)：139-146.

[4] 于亮. 器以载道　天人合一——汉代青铜灯的造物美学与环保意识[J]. 创意与设计，2012(5)：24-29.

[5] 佟建华. 元中都遗址出土阿拉伯幻方之研究[J]. 中国国家博物馆馆刊，2013(3)：76-83.

[6] 刘英杰. 气象威严的三彩天王俑[J]. 文史月刊，2012(6)：79-80.

[7] 负安志. 北周甲士俑与甲马甲士骑俑综述[J]. 文博，1993(2)：9-18.

[8] 刘晓东. 咸阳杨家湾兵马俑及相关问题初探[J]. 文博，2009(2)：25-29.

图书在版编目（CIP）数据

从这里出发：古丝绸之路起点上的文明印记 / 步雁主编. -- 西安：陕西人民教育出版社, 2016.3
ISBN 978-7-5450-4293-1

Ⅰ. ①从… Ⅱ. ①步… Ⅲ. ①文物-考古发现-陕西省 Ⅳ. ①K872.41

中国版本图书馆 CIP 数据核字(2016)第 054349 号

从这里出发——古丝绸之路起点上的文明印记
步雁　主编

出版发行：陕西新华出版传媒集团
陕西人民教育出版社
地　　址：西安市丈八五路 58 号
邮　　编：710077
印　　刷：陕西大江印务有限公司

开　　本：787mm×1092mm　1/16
印　　张：13.5
字　　数：200 千字
版　　次：2016 年 2 月第 1 版
印　　次：2016 年 2 月第 1 次印刷

书　　号：ISBN 978-7-5450-4293-1
定　　价：69.80 元